LE

VÉRITABLE ÉVANGILE.

PAR LE CITOYEN GALLET.

SECONDE ÉDITION.

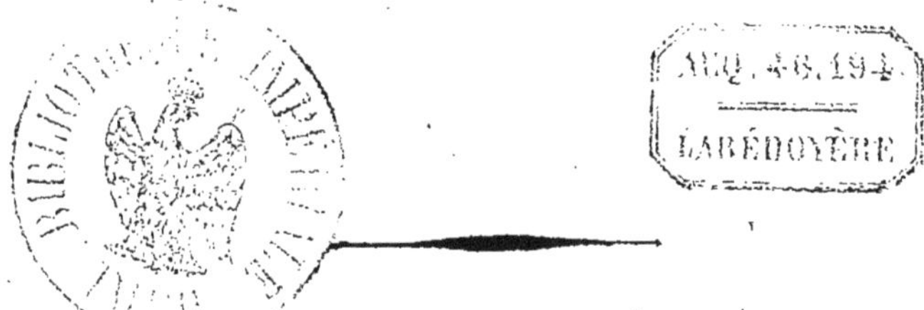

A PARIS,

De l'Imprimerie, rue du Théâtre-Français, N°. 4.

L'AN IIe. DE LA RÉPUBLIQUE FRANÇAISE UNE ET INDIVISIBLE.

AUX FRANÇOIS.

C'EST à toi, Peuple glorieux, qui, sortant de l'antre de l'esclavage, t'es assis à ton rang, que j'offre le véritable Évangile. Les seuls traits de la vérité doivent fixer les regards des Peuples libres. Suivez donc, hommes nouveaux, ces loix augustes, si vous voulez mériter les bienfaits de la liberté, et rendre son trône immuable. Mettez-les sur l'autel de la patrie; qu'elles soient les sources de votre grandeur, en le devenant de votre sagesse : alors guidés par les vertus, et nourris au sein de la philosophie, vous vous éleverez au-dessus de tous les Peuples de la terre; alors en respectant votre être, et adorant en paix le roi de la Nature, vous verrez naître sur votre terre tranquille, tous les fruits de la félicité.

DISCOURS PRÉLIMINAIRE.

VOYANT avec effroi l'abîme où tombe l'univers, voyant au sein de ma patrie le germe des divisions, réchauffé par l'erreur et l'imposture, quel soin plus pressant que de rallier mes frères sous l'égide de la sagesse ? quel soin plus heureux, que d'amener à ce but la chrétienté, que ses divisions couvrent d'opprobre, et d'offrir à tous les hommes une loi raisonnable, sur laquelle la société puisse affermir son existence ?

Puissé-je fixer un monde trop long-temps barbare sur ce tableau de vérité ! Puisse-t-il, ouvrant les yeux à la lumière, et secouant les fers qui le couvrent, bénir le règne de la sagesse et de la paix, et jouir ainsi des droits attachés à sa nature !

L'évangile que Jesus laissa aux hommes, doit fixer en ce jour l'attention de la philosophie : il fut dicté par la raison ; il étoit pur et digne du héros dont il exaltoit la gloire ; il formoit le lien social et religieux des hommes ; mais l'ambition voulant en faire un ressort de sa puissance, le couvrit du voile du merveilleux, afin d'enflammer à son aspect l'enthousiasme des peuples, et de couvrir, à son abri, ses coups perfides. Sa marche a été long-temps cachée ; nous la découvrons enfin, malgré les efforts de l'imposture ; à côté de sa lampe pâle, luit l'éclatant rayon de la vérité.

Arrêtons-nous sur les principaux

points qui nous prouvent que les miracles sortent de l'imagination des traducteurs.

Entrons d'abord dans l'ame du législateur : il est confiant en son père, mais humble et soumis ; jamais il ne prend le ton de maître de la nature. S'il se fût annoncé par des miracles, les peuples portés à l'admiration, n'auroient pas douté de sa doctrine, ni levé sur lui l'arme de l'infamie. Voyant éclater sa puissance par des moyens surnaturels, et convaincus d'une grandeur qui leur eût été sensiblement manifestée, ils se seroient tous attachés à sa suite ; ceux de Jérusalem auroient partagé l'enthousiasme ; les scribes, reconnoissant la main divine, n'auroient point combattu contre celui qu'ils auroient vu inattaquable ; et Judas, témoin de toutes ses actions, n'auroit pas conspiré contre celui qu'il auroit reconnu l'arbitre de sa destinée. Pilate, Hérode et tous les Romains, convaincus par des preuves si sublimes et si authentiques, seroient tombés à ses pieds pour l'adorer ; ils auroient transmis à Rome l'histoire de ces évènemens ; elle en auroit été frappée, et s'en assurant par tous les moyens, elle auroit adopté sa doctrine, et embrassé son culte ; enfin, si ceux qu'ils disent avoir été faits à sa mort, tels que le tremblement de terre, l'éclipse du soleil et la résurrection des morts sortant des sépulcres, venant dans la ville, et vus de tout le monde, eussent réellement existé, est-il un seul être qui lui eût refusé son hommage ? Les Juifs ne lui demandoient qu'un miracle pour croire en lui ; et voilà les plus frappans de la puissance divine.

Arrêtons-nous au passage où les

traducteurs se trouventen contradiction manifeste avec eux-mêmes, lorsqu'ils lui font demander des signes par les Pharisiens, tandis qu'ils nous les montrent toujours attachés à sa suite, et témoins des miracles qu'ils proclament. Auroient-ils pu demander des signes, après ceux de la tempête, de la multiplication des pains, de la résurrection des morts, etc. ?

Le verset 12, chapitre VIII, Marc, où il est dit : (Pourquoi cette génération demande-t-elle un signe? En vérité, je vous le dis, qu'il ne sera point donné de signe à cette génération,) dément formellement tout ce qu'ils avancent.

Trop emportés par leur passion, ils n'ont pas vu que ce seul endroit de l'évangile dévoile leur perfidie, et prouve évidemment que Jesus n'a fait et n'a pu faire aucun miracle.

Le verset 31, chapitre XVI, Luc, parlant par la bouche de Dieu : (S'ils n'écoutent pas Moyse et les prophêtes, ils ne seroient pas non plus persuadés, quand quelqu'un des morts ressusciteroit) devient une preuve frappante contre leur existence.

Le passage où Jesus dit : (Il n'y a personne qui fasse un miracle en mon nom, qui puisse aussitôt mal parler de moi) prouve qu'il n'entendoit par miracles que conversions : la faculté de les opérer ne pouvant être communiquée à tout individu !

Ah ! que les traducteurs sont coupables, d'avoir divinisé ces moyens absurdes que la raison désavoue, et indignes des siècles de lumière.

On ne peut pas porter l'audace et l'ineptie plus loin qu'ils l'ont fait, en nous peignant Dieu envoyant Jesus sur la terre, pour y être en butte à la souffrance et y endurer une mort cruelle. — Si Dieu eût voulu se manifester aux hommes différemment qu'il ne le fait chaque jour par la nature, il l'auroit fait par un signe extraordinaire, et non par un acte de férocité ; ils font ainsi du Dieu de la bonté un tyran altéré de carnage.

Ils nous montrent Jesus méchant, en lui donnant le pouvoir des prodiges, et le faisant mourir avec opiniâtreté, plutôt que de convaincre un peuple égaré, qui ne lui demandoit qu'une preuve de sa puissance ; ils le font injuste et barbare, en lui faisant confondre avec le peuple de Jérusalem toutes les nations de la terre, qui n'avoient aucune notion de sa venue, et n'avoient point trempé dans la conspiration des Juifs. Il a fallu descendre l'homme au rang de la brute, pour lui faire bénir et défendre si long-temps ces affreux principes. L'aveuglement a été général; ils ont été même méconnus par la plupart de ceux qui les ont exaltés. Je dois à la vérité de dire que Bossuet, Fénélon, Fléchier, Pascal et un grand nombre de prêtres respectables, n'ont pas trempé dans la perfidie. Plongés dans l'erreur comme le vulgaire, ils crurent servir la sagesse, en prêchant la doctrine de l'imposture.

D'après l'infidélité de la traduction, reconnue dans la différence des évangiles, dans les principes contradictoires au système, et dans l'expression claire de divers passages; j'ai dû me guider, pour atteindre à la vérité, sur les préceptes qui y sont restés isolés, au milieu d'un amas de mensonges. Les conversions et les discours que j'y joins, sont une suite simple de la prédication et du système ; ils en ont été soustraits, parce qu'ils démentoient les miracles et les maximes de Rome ; il n'y est resté que ce qui a paru propre à nourrir le préjugé, et servir de base au monument de la tyrannie.

Tout démontre la vérité de mes assertions ; tout atteste que l'évangile que j'annonce contient la véritable doctrine de Jesus ; trop long-temps nous avons écouté la voix de l'imposture : courbés sous sa chaîne cruelle, nous y avons gémi nombre de siècles dans l'incertitude et la douleur ; et l'arme la plus redoutable à nos tyrans étoit aux pieds de la philosophie. Pourquoi n'en a-t-elle pas frappé leur tête perfide ? Hélas ! elle ne l'a point apperçue.

O Rousseau, en niant la révélation et les miracles, pourquoi ne pris-tu pas dans l'évangile des preuves pour appuyer ton assertion ? En ne développant pas ton doute sur ce point important, tu jettas tes lecteurs dans l'incertitude, état si funeste à la race humaine. — Arrêté à la barrière du mensonge, tu te replias sur la route simple de la nature ; tu nous offris d'y entrer, sans autre guide que notre conscience ; mais tu n'observas pas que l'état de foiblesse où l'homme se trouve, ne lui permettant pas d'y distinguer le rayon de la vérité, il s'y égareroit infailliblement, et tomberoit dans l'abîme de la barbarie qui la borde. Les tableaux de la nature sont les dignes préceptes de sa loi ; mais le petit nombre seul peut en distinguer la sublimité, et trouver dans leur aspect la leçon de la sagesse. Il faut une loi écrite aux hommes, mais fondée sur celle de la nature. — L'évangile, réduit à son état primitif, n'est-il pas la loi naturelle mise en préceptes ? Il devient donc commun à toutes les nations et à tous les siècles. Ah ! homme respectable, pourquoi ne levas-tu qu'un coin du voile de l'imposture ? tu aurois évité bien des maux à la terre.

O vous tous, écrivains, qui avez confondu les loix de Jesus avec celles de Rome, dans quel aveuglement étiez-vous plongés ! Vous avez donc jugé de l'évangile sans le lire ? vous y auriez reconnu sa sagesse ; vous auriez vu que tout y contredit les mystères et les miracles dont on nous a si longtemps éblouis, et que le petit nombre de discours que les traducteurs y ont laissés, combattent l'erreur et la tyrannie que Rome encense.

Rome dit que les seuls chrétiens auront droit à la bienfaisance divine.

Cette maxime est démentie dans Matthieu, chapitre VIII, versets 11 et 12, où il est dit : (Plusieurs viendront d'orient et d'occident, et seront assis dans le royaume des cieux, tandis que les enfans d'Israël seront jettés dans les ténèbres, etc.)

Le passage : (Je veux miséricorde, et non pas sacrifice) établit le culte du cœur, et contredit formellement ses préceptes.

Le verset 23, chapitre XX, Matthieu : (Mais d'être assis à ma droite ou à ma gauche, ce n'est point à moi de le donner) détruit toute idée relative à la divinité de Jésus.

Enfin le passage, (De l'amour de Dieu et de celui du prochain, dépend toute la loi) dévoile tout le systême, et détruit toute maxime contraire à la loi naturelle.

Il n'est pas un chapitre des quatre évangiles, qui ne nous offre des preuves évidentes de la mauvaise foi des traducteurs, et de la pureté de la doctrine de Jesus.

Votre égarement a été tel, qu'en attaquant le fanatisme, vous vous serviez de son arme, et vous vous appuyez, sans vous en douter, sur les principes de ce législateur que vous avez constamment outragé.

O écrivains ! si le vrai évangile renferme toutes les loix de la nature, et si son auteur se montra l'ardent défenseur de la sagesse, ne seroit-il pas absurde de rejetter ses loix salutaires? et ne serions-nous pas coupables, si, suivant plus long-temps une vaine inconséquence, nous entraînions nos frères loin du but du bonheur ? Ne serions-nous pas barbares en outrageant encore celui qui renversa avec tant de force la barrière de l'erreur et du mensonge, et nous applanit la route de la nature ? Observons, le cœur dépouillé des préjugés, le tableau de sa vie et de sa mort; pesons mûrement sa doctrine, et nous lui offrirons tous nos tributs d'admiration et de reconnoissance.

Jettons les yeux dans l'antiquité ; voyons Zoroastre, Confucius, Mahomet ; voyons les législateurs d'Athènes et de Rome, et, dépouillant leurs doctrines de leurs erreurs, formons un tout de leur essence, il sera imparfait près de la doctrine de Jesus.

Peuples de la terre ! voulez-vous

enfin monter à votre rang ? Ecoutez en ce jour la voix de la philosophie ; abandonnez vos idoles sanglantes ; renversez ces autels où rugissent encore l'erreur et le fanatisme, et dressez-en, d'après les loix de Jesus, au seul auteur de la nature ; alors, satisfait de ne plus voir avilir son ouvrage, il bénira vos destinées.

Et vous, enfans de la chrétienté, que les préjugés ont divisés si longtems ! vous qui flottez encore dans un océan sans limites ! voici le port heureux qui doit vous sauver du naufrage. Ebranlez ces autels où Luther et Calvin, sectaires non moins absurdes qu'ambitieux, firent pâlir si long-tems la raison humaine, et qu'ils ensanglantèrent du sang de leurs frères. Renversez ces autels où la cruelle Rome déifia la rage et l'imposture, et venez dans les bras bienfaisans de Jesus, ranimer, pour le bonheur, votre froide existence.

Univers, enfin tu peux cesser d'être barbare ; tu peux voir naître pour toi les jours les plus sereins, en n'admettant entre tes deux pôles que les loix de ce législateur, source sublime et féconde de vérité et de profonde sagesse.

LE VÉRITABLE ÉVANGILE.

CHAPITRE PREMIER.

Voici, mortels, l'histoire fidèle de ce législateur qui rétablit les droits de l'humanité, et qui sut souffrir et mourir pour la sagesse.

César Auguste régnoit à Rome, lorsque Jesus naquit à Nazareth, ville de Juda, de Marie, de la famille de David, et de Joseph, artisan de cette cité.

Ses bons parens l'élèvent dans l'ombre, et lui prodiguent à l'envi leur tendresse.

Bientôt se manifeste sa grandeur future; au sein de la plus tendre enfance, son cœur brûle des plus beaux sentimens, et son génie se développe d'une manière frappante.

Alors envisageant le sort de ses parens,

il gémit de leur infortune, et demande à partager le poids de leurs travaux. Joseph, cédant à ses vives instances, l'y associe à l'âge de douze ans.

Son amour pour eux lui fait supporter, dans cet âge de foiblesse, les fatigues d'un état pénible.

Au sein de ce travail qui semble énerver le germe du génie, il calculoit déja son prix, et méditoit sur le néant de l'ambition et de la fortune.

Joseph, voyant approcher le tems de la pâque, où les Juifs s'assembloient à Jérusalem, forme le projet d'y conduire son fils. Jesus part avec les siens pour la métropole.

Ils arrivent, et vont aussi-tôt visiter le temple. A son aspect l'enfant est saisi d'enthousiasme. « O mon Dieu, s'écrie-t-il en approchant du sanctuaire, reçois en ces lieux augustes l'hommage de mon jeune cœur ». Il en sort plein d'un saint zèle ; bientôt, emporté par son ardeur, il se dérobe à ses parens, il retourne dans le temple, et s'asseyant parmi les docteurs, il leur explique avec précision les loix de la nature et les préceptes de la sagesse.

Incertains sur son sort, ses parens étoient en proie à la tristesse : se rappellant enfin du transport qui l'avoit agité à son entrée dans le temple, ils se doutent de sa marche, et vont le chercher dans le séjour divin.

Appercevant aussitôt les siens, il leur dit : « Pardonnez ma démarche : la raison qui régne dans mon cœur, m'a dit que je devois travailler en ce jour à l'ouvrage de la sagesse ».

Alors il se jette dans leurs bras, en disant : « Fuyons ces lieux, où l'erreur enchaîne les ames ; allons dans notre obscurité jouir des doux fruits de la paix et de l'amour ».

Ils s'éloignent à l'instant du temple, ils sortent de la ville, et marchent vers Nazareth : Jesus y rapporta l'innocence, et reprit ses travaux avec une nouvelle ardeur.

Fidèle au culte des vertus, il partageoit aux siens ses soins et sa tendresse, et se montroit en tout ami de la paix et de l'indulgence.

La douceur de son caractère et la noblesse de sa conduite lui attirérent l'estime de tous les cœurs : sensible et bienfaisant envers ses frères, il déploroit avec eux leurs peines, et les calmoit par ses soins généreux. Il passa ainsi les premiers tems de sa jeunesse; il touche enfin à ceux où il doit entrer dans la carrière.

CHAPITRE II.

ALORS Tibère régnoit à Rome, le fils d'Hérode tenoit le trône de Jérusalem, et Caïphe étoit le souverain sacrificateur.

Alors le fils de Zacharie vient du désert, et commence sa prédication.

Les bruits de sa venue se répandent; aussitôt les peuples de la Judée accourent vers le Jourdain, où il se trouvoit.

Jesus se joignant aux troupes de Nazareth, arrive sur ces bords, et trouve Jean occupé de l'œuvre de la sagesse.

Frappé de ses discours, il demande à être admis parmi ses disciples.

Jean bénit sa demande, et l'associe à ses travaux.

Alors animé d'un noble courage, il observe la destinée des hommes, il remonte à la cause de leurs maux, et forme le dessein de les éclairer sur leurs erreurs; mais ne se sentant pas toute la force nécessaire pour cet important ouvrage, il va dans la solitude sonder les replis de son cœur, et affermir dans le silence des bois sa résolution.

Il arrive dans le désert; il y jouit d'abord du calme; mais bientôt les passions assaillent son ame : l'une lui fait entrevoir l'attrait des biens de la terre, l'autre lui en montre avec art les grandeurs, et l'autre lui en dépeint avec charme les plaisirs. Il repousse leur amorce perfide, et élevant ses yeux vers le ciel : « O mon père, s'écrie-t-il, je n'attends mon rang et ma fortune que de toi; tous les trônes, tous les trésors de la terre valent-ils le prix d'un de tes regards » ? Son zèle devient chaque jour plus ardent. Sentant enfin son ame affermie, il se résout à entrer dans la carriére. Il quitte la solitude, et marche vers la Judée; mais apprenant que Jean venoit d'être jetté dans les fers, il change de route, et va à Capernaüm.

Bientôt les peuples de Zabulon, de Nephtali et de tout le Jourdain se rassemblent à ses côtés.

Là commence sa prédication.

« O vous, s'écrie-t-il, qu'aveugle l'erreur, reconnoissez les loix simples de la nature, et marchez au bonheur par le sentier de la vertu ».

Il s'avance le long du lac de Génézareth : voyant un bateau sur le rivage, il y monte, s'assied, et élevant sa voix pure, il leur annonce les devoirs et les droits des hommes.

Plusieurs de ceux qui l'écoutoient, lui demandent alors le rang de disciple. Il se rend à leurs souhaits; et s'adressant à un pêcheur qu'il voit triste à ses côtés, il lui dit : « Tu me parois en proie à la peine ; le sort n'auroit-il pas rempli ton désir » ?

« Il m'accable sans relâche, répond Simon; depuis trois jours j'erre sans rien prendre sur ces bords ».

« Viens avec moi, reprit-il, combattre ce sort opiniâtre ; fais encore un effort pour trouver l'objet de tes désirs ».

Ce discours relève sa confiance; il monte sur le bateau, et s'élance avec lui loin du rivage.

Après quelques momens Jesus l'arrête et lui dit : « Tends tes filets, il en est tems ». — Il les jette, et les voit entraînés par un poids énorme. Nombre de pêcheurs viennent à son appui, et leurs bras réunis ne les retirent qu'avec peine.

Alors Simon tombe aux pieds de Jesus. « Quelle est, dit-il, la cause du prodige qui vient de frapper ma vue » ?

« Ta confiance, répond le sage : tu vois que la persévérance t'a conduit dans des lieux favorables ; elle couronne toujours nos vœux. Viens, en rendant ce sentiment maître de ton ame, prendre les mortels aux rets de la sagesse ».

« Desille donc mes yeux, reprit Simon, pour qu'ils puissent jouir de ta lumière ». Il s'attache aussitôt à ses pas.

Alors un grand concours de peuple se forme autour de lui, pour entendre les leçons de la sagesse.

CHAPITRE III.

JESUS se voyant pressé par la foule, et découvrant non loin de ces lieux une élévation qui les domine, il y monte, s'assied, et dit aux siens rangés autour de lui.

« Heureux l'être confiant en la divinité; il aura la couronne immortelle.

» Heureux l'ami de la paix ; il aura le titre de vrai fils de l'éternel.

« Heureux l'ami des bienfaits; il jouira des trésors de la gloire.

» Heureux l'ami de l'innocence ; il jouira à son gré de la vue du créateur.

» Heureux celui qui suit l'humilité ; il sera assis près du trône divin.

» Heureux l'ami de la justice ; il sera un jour le ministre des volontés suprêmes.

» Heureux celui qui souffre patiemment les coups de l'envie ; il aura sa consolation dans le sein de dieu.

» Mais plus heureux celui qui saura pardonner à l'injure ; il aura tout pardon devant l'arbitre du monde.

» Lorsqu'en annonçant ma doctrine aux hommes, vous vous verrez persécutés par cette race farouche, soyez fermes, et pleins de confiance. La sagesse est méconnue : son adorateur fut en tout tems proscrit sur la terre.

» Vous êtes le sel du monde : si jamais il perd sa saveur, il n'est bon qu'à être foulé aux pieds des hommes. Oui, si les ministres des autels perdent de leur sagesse, ils méritent l'exécration de l'univers.

» Vous êtes la lumière du monde : ainsi qu'une ville située sur une montagne, se montre aux pays d'alentour, votre lumière doit briller dans l'espace, et se montrer jusqu'aux confins de la terre.

» Ne croyez pas que je vienne, en téméraire, effacer les préceptes que grava en nous la nature ; je viens les rappeller à vos cœurs égarés ; ses loix sont éternelles : ce monde, qu'entraîne le vice, tombera dans l'abîme du néant, et ses loix survivront à sa destruction.

» Que le flambeau de la raison luise enfin

aux yeux des hommes ; qu'il perce leur sein malheureux et pénètre jusqu'à leur ame ; qu'ils voyent leur erreur ; et qu'ils retournent sous la loi de la nature.

» Faites-leur connoître leurs rapports avec Dieu ; montrez-leur leur être et l'univers pour preuves de son existence ; établissez enfin le culte que l'homme lui doit, pour le bienfait inestimable de la création.

» Celui qui, écoutant la voix de sa conscience, reconnoîtra les droits de l'éternel, et adorera sa bienfaisance, trouvera près de son trône les prix de la félicité.

» Soyez simples, et foulant aux pieds l'ambition et la fortune, faites régner la vérité : jettez loin des autels les fruits amers de la foiblesse, et faites-y germer les doux fruits des vertus.

» Ah ! craignez d'imiter le scribe orgueilleux, qui insulte dieu jusqu'au sein du temple : il verra maudire son être, et son exécrable autel.

» En vain portant l'audace jusqu'aux pieds du trône divin, y reclamera-t-il les prix de la gloire ; en vain y vantera-t-il ses bienfaits, et ses travaux; envain dira-t-il qu'il n'a prêché que ma doctrine; l'éternel qui voit tout, verra sa perfidie, et confondra son ame orgueilleuse.

» Envisageons avec attention, les préceptes de l'antique loi.

» Elle dit : le meurtre est condamnable. Je dis plus; l'homme sera criminel, si étouffant en lui la voix de la nature, il ose frapper le front de son frère. Une action brutale, ne peut être agréable au père de la douceur et de la clémence.

» S'il vous souvient, en élevant vos cœurs vers le ciel, qu'un frère souffre de votre haine, n'offrez point votre hommage : vous lui feriez injure; mais allez obtenir votre pardon aux pieds de ce frère malheureux : alors présentez votre hommage, et vous aurez la bénédiction du père de la nature.

» Craignez sur-tout, de retarder l'instant de la réconciliation. Qu'un prompt repentir suspende l'arrêt de la justice.

» La loi dit : opprime celui qui t'opprime. Ah! gardez-vous de suivre ce fatal précepte!

» Si votre frère s'élève arrogamment

contre vous, prenez le ton de la douceur, et tâchez d'émouvoir son ame. Si, touché de votre indulgence, il vous embrasse ; s'il immole sa haine à votre bonté ; recherchez encore ce frère ; mais s'il est toujours mû par ce sentiment affreux, ne bravez point sa rage ; n'allez pas non plus vous armer contre lui : en cédant à la vengeance, vous deviendriez vous même coupable.

» Elle dit : aime ton prochain, et haïs ton ennemi : et moi, je vous dis, pardonnez vos ennemis ; comblez-les même de vos bienfaits. Cette loi n'émane pas de Moïse : il n'a jamais ordonné le crime. Montons ainsi au rang sublime destiné à l'ami de la clémence.

» Lorsque l'humanité vous attirera vers un frère misérable, craignez de ressembler à l'homme orgueilleux, qui fait trophée de sa bienfaisance. Le bienfait n'a de prix que dans l'ombre. Votre dieu qui voit tout, le verra ; et vous en tiendra compte le jour de sa justice.

» Lorsque vous offrirez votre hommage à l'éternel, ne ressemblez point à l'hypocrite qui se courbe sans cesse aux pieds des autels. Il est mû par l'intérêt et le vice. N'allez pas non plus l'outrager par des vœux frivoles et des demandes insensées. Dieu vous a tout donné en vous donnant la liberté : mais admirez dans le silence sa bonté et sa sagesse. Offrez-lui ainsi votre reconnoissance :

» O créateur de la nature ! accueille cet encens que t'offre ma foiblesse. Il est indigne, je le sais, de ta grandeur : je ne pourrai jamais m'acquitter envers ta bienfaisance : ta main fit mon être ; elle l'orna d'une faculté sublime : tout porte en moi l'empreinte de ta bonté : mon cœur respectueux, se confond aux pieds de ton trône.

» Lorsque sortant de votre longue foiblesse, la vérité se sera fait entendre à vos cœurs ; lorsqu'enfin la raison sera votre guide ; couvrez vos fronts du voile de l'humilité : qu'aucun signe ne vous indique pour sage aux yeux de vos frères : vous perdriez ainsi les fruits de vos travaux. L'amour-propre ne suivit jamais la sagesse.

» Mais je vous vois briguer les faveurs de la fortune ! répondez-moi, qu'est cet or qui fixe vos désirs et crée vos peines? un métal que détruit la rouille.

» Ah! cherchez en vous votre richesse; Puisez-y l'or pur et inaltérable de la vertu; et gardez cet or précieux; il sera un jour le mobile de votre bonheur. Vous avez trop long-tems partagé votre culte entre dieu et la fortune; brisez, brisez l'idole; et volez dans le sein bienfaisant de la sagesse.

» Oh! que votre conduite est bizarre! qu'elle est funeste à votre repos! en vous écartant de la route de la nature, vous vous créez de vains besoins; et de la difficulté de les remplir naissent tous les maux qui entravent vos destinées. O êtres insensés! si vous fussiez restés au rang où vous plaça sa main favorable, vous y auriez trouvé des trésors inépuisables. Observez cet univers.

» Le dieu qui forma votre être, et qui jetta sa flamme dans vos cœurs, ne féconda-t-il pas la terre? Ce dieu juste et prudent ne vous créa point pour le malheur. Contemplez les animaux dans vos forêts; ils sont sans soins, ils n'ont point d'intérêts; ils trouvent cependant leur aliment dans la nature. En couvrant la terre de fruits précieux, n'assura-t-il pas votre subsistance? N'appellez donc plus ce Dieu bon l'auteur de votre misère : il a tout fait pour vous, êtres ingrats; mais la démence où l'erreur vous a plongés, vous a fait préférer des biens fantastiques aux biens réels. Ah! sortez de votre long délire; remontez, à l'appui de la raison, au rang d'homme, dont la foiblesse vous a fait descendre.

» En contemplant cet univers, reconnoissez la puissance et la bonté du créateur; mettez donc à ses pieds un amour vrai et une juste confiance; méritez ainsi les bienfaits réservés à son adorateur sincère.

» En considérant votre foiblesse, craignez de juger votre frère : vous êtes tous liés au joug du vice. Si vous sondiez les replis de vos cœurs, vous craindriez l'influence de votre jugement; vous vous diriez : je suis coupable aux yeux de mon frère, et vous suivriez les douces loix de l'indulgence.

» Les passions entourent toujours les ames : craignez de vous laisser séduire par leurs illusions; elles y font naître un délire funeste,

funeste, elles les entraînent au vice, et deviennent les instrumens de leurs maux. Semblables à celui qui, pour établir une maison solide, la place sur un roc, appuyez vos cœurs sur la raison ; alors, comme elle résiste aux assauts des vents et des tempêtes, vos cœurs affermis résisteront aux assauts de l'erreur et du vice ».

A ces mots, les peuples étonnés de son éloquence et de sa sagesse, s'écrient : « Suivons cette loi simple, que la raison et la nature exaltent en nos cœurs. Comparons son humilité à l'air impérieux de nos prêtres ; comparons sa sagesse aux discours trompeurs qu'ils nous prêchent, et marchons sur les pas de Jesus vers la paix et l'innocence.

CHAPITRE IV.

Alors Jésus descend de la montagne, il bénit le zèle du peuple, et lui montre le bonheur dans la persévérance.

En ce moment un centenier tombe à ses pieds, et lui dit : « Juste, sois-moi secourable ; arrache un des miens des bras du vice où il gémit, et remets-le dans la route de la nature ».

Jésus le relevant, le rassure et l'embrasse. « Dieu, dit-il, bénit toujours la confiance ; j'irai voir chez toi cet être malheureux ».

« Permets, reprit le centenier, que je l'amène en cet endroit ; je ne suis point digne que tu entres dans ma maison : la foiblesse y habite ; son aspect fait outrage à la vertu. O Jesus ! que tu acquiers de droits sur nos ames ! que ton but est sublime ! puissent tous les mortels apprécier tes loix bienfaisantes ! elles amènent l'homme à la paix et au bonheur ».

Le sage frappé de ce discours, se retourne vers la foule. « Entendez-vous, dit-il, quelle est la confiance de cet homme ? Non, on ne trouva jamais une si belle ame dans Israël. Ne croyez pas aussi que Dieu soit plus propice à ceux de cette contrée. Tous ceux qu'il a créés ont un droit égal à son amour et à sa clémence. Si le noir africain, si le sauvage des pôles observent les loix de la nature, ils jouiront des doux fruits de sa bienfaisance, tandis que les enfans séditieux d'Israël seront exilés de la nature entière. Suis la sainte ardeur qui t'enflamme, et le ciel, d'où naît toujours justice et bonté, comblera ton vœu légitime ».

Alors considérant le succès de ses premiers travaux, il s'affermit dans la résolution de consacrer sa vie à l'ouvrage de la sagesse, et se résout à quitter ce rivage.

Il va dans la maison de Pierre, et ne trouve que trouble et confusion dans ce lieu, où il cherchoit le calme.

La mère de Simon, ennemie de la paix

et de l'amour, y semoit des fureurs continuelles. Instruit de sa conduite, Jesus s'approche d'elle, et lui tient ce discours : « O femme que l'ignorance entraîne à sa perte, femme pour laquelle déja la tombe s'entr'ouvre, oses-tu sans frémir nourrir en ton cœur le courroux et la haine? Ne sais-tu pas qu'un Dieu doit punir l'injustice, et que le méchant sera réprouvé devant son trône? Tu ne connois donc pas les dons précieux qu'il réserve aux amis de l'indulgence? apprends que sa main auguste forma dans les cœurs les liens de l'amour, et qu'il regarde comme son fils chéri celui que ce sentiment anime ».

Ce discours jette le trouble et la crainte dans son ame. Jesus s'en apperçoit, et poursuit ainsi : « Renonce à la colère, et retourne à l'instant sous la loi de l'Eternel; plus tard, tes vœux et ton repentir seroient inutiles ».

A ces mots elle s'effraie, et s'écrie, en levant les yeux au ciel ; « O Dieu de la bonté, arrête le bras de la justice ; le remords agite mon ame. Vois mes regrets, et pardonne à mon crime »; et se retournant vers Jesus, « O juste, lui dit-elle, appuie ma prière ». Il bénit son nouveau sentiment, et satisfait de cet exploit, il va sur d'autres bords combattre le vice et la foiblesse.

Alors un scribe s'approche, et lui dit : « Permets que je suive tes traces propices ».

« Je ne puis te promettre un asyle, répond Jesus; les animaux trouvent des nids et des antres dans les forêts, et le juste est poursuivi par-tout par l'homme aveugle et farouche, dont il cherche à relever l'existence ». Il dit; alors montant dans un bateau, il s'assied, et s'éloigne avec ses disciples. Ils étoient au milieu de l'espace, quand tout-à-coup s'élève une tempête affreuse; les vents qui soulèvent l'onde, le bruit du tonnerre et les feux qui embrâsent la surface du ciel, semblent rendre leur perte inévitable.

En ce moment Jesus dormoit. Les disciples voyant accroître la tempête, ne peuvent résister à leur effroi. Ils courent vers le sage, et l'éveillent en disant : « Maître, lève-toi; le bateau va faire naufrage; la nature entière semble avoir médité notre perte ».

Jesus se retourne, et leur dit : « La raison a donc fui de vos cœurs ! ceux où elle règne bravent les coups de la tempête. Le juste voit d'un œil paisible les dangers, et la mort. Est-ce vous qui devez défendre les droits de la sagesse, vous choisis pour combattre l'erreur et le vice, qu'enchaîne une vaine terreur ?

» Eh ! pourquoi braveriez-vous l'arrêt de la nécessité ? il est fondé sur la loi de la nature. Tremblez, lâches ! connoissez votre insuffisance et votre égarement, et méritez par vos regrets, les bienfaits de la grace, dont jusqu'ici vous fûtes indignes ».

Ils descendent chez les Gadaréniens. A peine a-t-il paru sur ces nouveaux bords, que deux hommes que minoit l'envie, accourent pour le combattre. Ils improuvent hautement sa morale et sa conduite ; et cherchent à trouver la source de ses succès, dans une ambition coupable.

Jesus entendant leurs clameurs, leur montre des pourceaux qu'il découvre dans un marais voisin : « Voilà, leur dit-il, race impure et farouche, l'image frappante de votre ignominie. Ils sont ensévelis dans une fange noire et fétide ; et vous par une manie non moins bizarre, vous croupissez dans la fange empoisonnée de l'infamie. Contemplez votre avilissement, et ne souillez plus votre être, que Dieu forma de son essence la plus pure. Votre obstination vous seroit fatale. Respectez les destins du sage : trop long-tems vous avez borné sa carrière : tremblez, il est protégé par la foudre ».

A ces mots, la terreur et le remords s'emparent de leurs ames. « Je vois, poursuit Jesus, vos regrets et votre douleur : vivez pour honorer le ciel, pour respecter votre être, et pour bénir ici bas la sagesse. En immolant l'orgueil à la raison, vous acquérez des droits à la bienfaisance divine.

Aux premiers bruits de sa venue, les habitans de ce pays, où régnoit le vice, accourrent sur la route, et lui défendent l'entrée de leur ville.

Jesus essaie, par ses discours, de les amener à l'indulgence ; mais menacé de toutes parts, il repasse la mer, et retourne à Capernaüm, en pleurant sur le malheur de ce peuple barbare.

CHAPITRE V.

Le bateau touche aux premiers bords : les peuples accourent aussitôt hors de la ville, et le conduisent en triomphe dans son sein.

Comme il approchoit des murs, un homme l'aborde, et lui dit : » Juste, calme les maux que j'endure. Depuis que j'ai adopté le système de l'égoïsme, l'amour, le repos, et même le désir ont fui de mon ame. Un sentiment affreux les a remplacés dans mon sein. O Jesus ! rends-moi à la vie ; rends-moi à moi-même ; terrasse dans mon cœur l'artisan cruel de ma peine.

» Le repentir suit le remords, lui dit le sage. Quelle étoit ton erreur ! quel étoit ton délire ! Apprends que le bonheur naît de l'amour, et de la bienfaisance. Le sentiment qui t'anime énerve l'ame et la livre au désespoir. — Appelle en ton cœur la raison ; elle y amènera le calme ; et tu trouveras encore le pardon auprès du roi de la nature ».

Les scribes qui l'écoutoient, improuvent hautement ce discours : » O lâches, leur dit-il, profanerez-vous toujours le ministère sacré ? Outragerez-vous sans cesse l'arbitre des destinées ? Voilerez-vous encore ses plus beaux traits ? Oui, Dieu couronnera les vœux de l'homme qui, se rappellant à lui-même, se jettera dans les bras de la raison. Suis en paix, te dis-je, la sainte loi de la nature, et tu obtiendras le divin pardon ».

Il s'avance alors vers le péage, et s'adressant aux chefs des péagers, appellé Mathieu » : laisse à d'autres, dit-il, les droits de la tyrannie : viens sur mes pas veiller à ceux de la sagesse ».

Les scribes le voyant confondu parmi les péagers, et croyant le rendre par-là méprisable aux yeux du peuple, s'adressent à ses disciples, et leur disent à haute voix : « Le sage doit-il chercher la société des brigands » ?

Jesus les entendant, répond : « Je ne

viens point pour le juste, mais pour le pécheur. L'homme affermi dans sa raison, peut suivre la carrière sans mon appui ; mais je le dois à celui que l'erreur entraîne dans l'abyme.

Les disciples de Jean se réunissent alors autour de lui. « Pourquoi, lui disent-ils, les tiens violent-ils sans cesse les loix du jeûne, tandis que nous les observons avec rigidité » ?

« Eh, croyez-vous, répond Jesus, que ces loix aient été dictées par la sagesse ? Dieu dédaigne les privations physiques ; il ne voit d'un œil satisfait que le jeûne qui prive nos cœurs de la pâture de l'orgueil et de l'ambition ».

Comme il disoit ces mots, un seigneur fend la presse, et lui dit : « Sois favorable à ma prière. Un désespoir affreux agite le sein de ma fille : j'ai tout fait en vain pour l'appaiser. Juste, rends un enfant chéri à ma tendresse ».

Comme il veut marcher sur ses pas, une femme se prosterne à ses pieds implorant son appui. « Depuis douze ans, dit-elle, abandonnée au vice, j'ai traîné une vie incertaine et malheureuse. Je connois enfin mon erreur. Permets que je m'en dépouille à tes pieds : accorde à mon cœur déchiré, la consolation que tu offres à ceux qu'accable la peine. Jesus, sois-moi propice »!

Le sage prenant la parole, lui dit : « Réponds : as-tu trouvé la paix et le bonheur, dans les plaisirs bruyans du monde? Dans ces tems de délire, respectas-tu la suprême puissance de Dieu? Observas-tu les saintes loix de la nature? Non : tu n'écoutas que l'orgueil, et cette erreur fatale, qui te fit trouver la peine au sein même des plaisirs, et qui te faisant détester le jour dont tu jouissois, te porta à accuser ton créateur des maux qu'avoit enfantés ta foiblesse. — O femme! suis le noble zèle qui t'anime; et retourne sous la loi de la nature ». Frappée de ce discours, elle mouille ses genoux de ses pleurs, et se lève vaincue et satisfaite.

Il va enfin dans la maison du seigneur qui l'avoit imploré pour sa fille. Il entre, il s'approche de cet être que dévoroit l'ambition, et lui parle en ces mots : « Ne crains-tu pas que Dieu ne lève sur toi sa foudre? Pourquoi dédaignes-tu ses loix? Pourquoi outrages-tu sa puissance? Être vain, oserois-tu braver le roi de la nature? Crains le tyran qui règne dans ton ame : il y fait naître la douleur et le désespoir. Le mortel s'irrite envain contre la destinée : nous sommes soumis à des loix immuables : nul ne peut aggrandir son être : le roi et le berger sont assujettis aux maux de la vie, et à la peine de la mort. Eh! qu'est la gloire et la fortune? Un fardeau onéreux dans la carrière : qu'est enfin l'instant de la vie, près d'un destin éternel promis à nos ames? Apprends que l'équité doit un jour frapper l'audace : arrache-toi des bras du crime qui t'entraîne, ou crains le destin du méchant ». A ces mots, des pleurs s'échappent de ses yeux. « Le repentir, poursuit le sage, peut effacer l'injure, et suspendre l'arrêt de la justice. Tombe aux pieds de l'auteur de ton être, et par un regret sincère, mérite le divin pardon ».

Il porte alors ses regards vers le ciel. « O mon père! s'écrie-t-il, reçois le tribut que je dois à ta bonté : je trouve le bonheur au travail de la sagesse. Il dit, et retourne parmi les siens ».

A son approche des transports d'allégresse se font entendre : il s'adresse aussitôt au peuple qui vantoit sa gloire, et modère ainsi son enthousiasme : « Pourquoi m'exaltez-vous? en travaillant à votre bonheur, je satisfais à l'obligation que j'ai contractée envers la nature : je remplis un devoir sacré. En tout tems ma marche doit être simple, et mon travail assidu ».

Les peuples frappés de ce discours, crient aussitôt : « Il est le vrai fils de David ».

Les scribes jalousant ce juste délire, s'adressent au peuple, et lui disent : « Ne vois-tu pas, peuple égaré, que sous le prétexte hypocrite de t'arracher des bras de l'erreur, il t'entraîne à grands pas vers l'abyme ».

» O ministres barbares, repartit le sage, osez-vous outrager ainsi l'innocence? C'est vous qui ne méditez que des forfaits; c'est vous qui foulez sans cesse aux pieds, la raison et la nature; c'est vous qui répandez dans les cœurs le poison fatal de l'erreur. Fuis loin de moi, race avilie, qui ennemie de l'humanité, la mène sans frémir à sa perte. Crains, crains la justice divine! » — Alors faisant envisager aux siens les peuples nombreux qui les entourent, il leur dit : « O mes amis, que votre incertitude devient fatale à la vertu! Observez tous ces cœurs qui implorent votre appui, et gémissez sur votre insuffisance. « Il les serre dans ses bras, et cherche à les embrâser du feu divin qui l'anime.

» Voici, poursuit-il, le moment marqué pour votre victoire. Vous allez en ce jour défendre les droits de la sagesse. Devenus les ministres du Très-haut, allez faire adorer sa loi suprême ; allez affermir la raison et la justice dans les cœurs ; allez, foulant aux pieds les hochets de la fortune, et les lauriers de l'ambition, établir le calme dans le sein de vos frères.

» Vous allez parcourir une mer orageuse, que la raison soit votre pilote : elle seule pourra vous y sauver du naufrage.

» Vous avez à redouter les mortels que guide le vice. Jaloux de vos vertus, ils s'armeront contre vous, et conspireront votre perte. En voyant votre doctrine, ils vous accuseront d'iniquité et d'imposture ; ils vous citeront même au tribunal des rois : là, vous devez braver les menaces de la tyrannie. Résistez aux efforts d'un monde barbare : éclairez les mortels jusqu'aux pieds des trônes : ne redoutez pas la vengeance des tyrans ; leurs coups impuissans ne pourront point atteindre votre ame.

» Votre ouvrage doit embrasser la terre : rompez par-tout les liens du vice ; embrâsez tous les cœurs des flammes de la vertu ; sauvez l'innocence des bras du crime. Vous vous êtes imposé ces devoirs. Rappellez-vous qu'ils sont sacrés ; et que votre négligence à les remplir, deviendroit un outrage envers l'Être suprême ».

CHAPITRE VI.

Alors Jean étoit dans les fers. Instruit par ses disciples de la prédication de Jesus, il les envoie, pour bénir en son nom, sa sagesse.

Il apprend avec douleur la triste destinée de Jean; et dit à ses disciples, en leur montrant les troupes qui l'environnent : « Vous voyez que plusieurs s'associent à mes travaux. Allez, dites à Jean que la raison commence à reprendre ses droits dans le cœur des hommes ».

Alors se retournant vers le concours, il poursuit ainsi : « Que l'homme est aveugle et barbare ! il frappe toujours les appuis de sa destinée. Jean que le salut du monde attira dans la carrière ; pâlit en ce moment sous les fers de la tyrannie. Et vous l'y contemplez sans gémir ! il venoit éteindre dans vos cœurs les feux dévorans qu'y alluma le vice, et répandre sur leurs maux le baume heureux de la vertu. Ces bienfaits durent-ils exciter votre haine ? Ah ! vous portez au comble l'audace et le crime. Je serai un jour traité de même : déja lorsque je cherche à alléger vos maux et à épuiser la source de vos peines, je vous vois dédaignant mes soins et mon amour, prêter à mon cœur des crimes. Connoissez enfin votre erreur : je ne cherche qu'à ranimer votre être affoibli, et à assurer votre destinée.

» Malheur à toi, Corazin, cité perfide, qui repoussas la sagesse de ton sein !

» Malheur à toi, Betsaïda, qui bravant l'Eternel, foulas aux pieds sa loi sacrée !

» Si Tyr et Sidon eussent joui de la faveur qui fut offerte à votre lâcheté, et si Sodôme eût vu la lumière que je portai dans Capernaüm, elles auroient bravé l'erreur ; et reconnoissant les droits du Très-haut, elles n'auroient pas encouru son indignation.

» Peuples, ne croyez pas, que les habitans de ces cités qu'aveugla l'ignorance, aient un jour le sort des mortels à qui se montra la sagesse, et qui dédaignèrent son appui : le ciel ne confond point l'erreur et le crime.

» O vous tous qui traînez sa chaîne honteuse, écoutez ma voix bienfaisante. Méprisez à mon exemple l'ambition et la fortune; prenez pour guide la raison sévère, et vous verrez bientôt naître en vous, ce sentiment qui vous fera chérir votre être; et qui, vous rapprochant de la nature, assurera à jamais votre bonheur ».

Alors les Pharisiens s'avancent vers lui, et lui tiennent ce discours » : pourquoi tes disciples violent-ils le précepte de la loi? Il défend tout ouvrage dans le saint jour, ils sont cependant occupés à recueillir du bled dans les campagnes. Est-ce par des profanations, est-ce par des outrages envers l'Être suprême, que se manifestent les défenseurs de la sagesse »?

» Vous ne savez donc pas, répartit Jesus, qu'un jour David ayant faim, et ne trouvant pas de nourriture sur sa route, entra dans le temple, et prit sur l'autel les pains de proposition qu'il partagea avec les siens. Il transgressa une loi absurde, pour suivre celle de la nature. Ah! craignez de porter votre jugement ». Il se tait, et marche vers la synagogue.

Il entre, et prenant le ton de vengeur de la sagesse, il leur parle en ces mots: « La loi, me dites-vous, défend tout travail en ce jour? Croyez-vous que Moïse s'écartant du principe éternel de la raison, ait jamais créé ce précepte? Non : il porte l'empreinte de votre barbarie. Ce jour que votre bouche appelle saint, fut consacré par vous à l'usage le plus profane. Ce jour fut destiné à resserrer sourdement notre chaîne; et à jetter dans les cœurs à l'abri d'une pompe mensongère, le germe du malheur. Trop long-tems nous avons fait l'épreuve de ces loix cruelles. Affranchissons-nous de leur joug, et volons au bonheur en suivant celles de la nature ».

Alors s'avance vers lui un insigne calomniateur. « Approche, dit le sage, rival odieux de l'amour: viens sanctifier cette journée par ta conversion. Quelle étoit ta rage! quelle étoit ta démence! Tu devins le fléau de la société; tu t'abreuvas des larmes et du sang de tes frères ; tu leur fis abhorrer la nature, en empoisonnant leur vie par tes fureurs. Tremble en envisageant les maux qu'auroient enfantés ta persévérance : romps les chaînes qui couvrent ton cœur ; mérite ainsi la grace auprès du Dieu que tu as si long-tems outragé : repens-toi, et suis mes pas ».

Les scribes ne pouvant cacher leur trouble, sortent de la synagogue, méditant une prompte vengeance. Ils s'assemblent aussi-tôt pour se concerter sur les moyens de le perdre.

Jesus pénétrant leur dessein, ne se sert point du droit qu'il a acquis dans la confiance des peuples. Bien loin de les armer contre eux, il suit la loi de l'indulgence, et s'apprête à passer dans une autre contrée.

Les scribes pleins de leur projet, accourent vers le sage, et s'adressant au peuple, lui tiennent ce subtil discours : « Peuple, tu méconnois cet être hypocrite : il combat le vice par le crime. Rejette son précepte : il fut créé par l'orgueil et l'imposture ; et ne suis que la loi que nous tenons de l'Être suprême.

A ces mots que dictoit la rage, Jesus se retourne, et élevant sa voix pure, il leur dit : « Répondez, bourreaux de l'innocence ! avez-vous jamais vu un roi recherchant la victoire, frapper le héros qui seul peut l'assurer ? Le vice est le héros favorable au crime. Epuisez tous vos traits sur mon front; mais respectez la divine sagesse. L'injure dont vous aurez couvert mon être, trouvera grace près du trône éternel; mais l'offense faite au créateur, attirera sur vos têtes sa malédiction.

» Eh ! peux-tu, race détestable, condamner ainsi ma doctrine ? Tu en vois cependant naître de bons fruits. Mais que dois-je attendre de vos cœurs barbares ? Le méchant ne vanta jamais les droits de la sagesse : il n'est que l'ami de la raison qui recherche son joug heureux, et bénisse sa loi salutaire. O lâches ! modérez vos discours, car un jour l'Éternel improuvera toute parole tendante à l'imposture ».

Les scribes se rapprochant, lui disent : « Nous ne reconnoîtrons aucune loi, qui ne soit attestée par de grands signes ».

« Lorsque vous aurez franchi la carrière, poursuit Jesus, lorsqu'enfin la mort vous aura amenés aux pieds du Très-haut pour rendre le compte de votre vie, les Ninivites accuseront devant lui la nation chez laquelle parut la sagesse, et que méprisa sa vaine audace; alors s'élèvera contre vous cette reine qui traversa l'Asie pour aller admirer la sagesse de Salomon. J'ai fait luire devant vous le flambeau de la vérité; je vous ai offert l'appui de la raison : jamais ce roi n'eut de tels droits à la reconnoissance des hommes ».

Comme il parloit ainsi, un disciple s'approche, et lui dit : « Maître, ta famille arrive en ce moment pour te voir ».

« J'honore mes parens, lui dit le sage; leurs soins et leur amour sont sans cesse présens à mon cœur; mais j'ai passé le but de la nature. Je trouve mon parent dans chaque mortel : l'homme confiant en la Divinité, l'ami de la paix et de la bienfaisance trouveront toujours en moi un frère et un défenseur ».

Il se tait pendant quelques instans, et reprenant son discours, il dit : « Je le sais, mortels, toutes vos ames ne s'embrâseront pas du feu sacré de la vertu ; tous vos yeux ne s'attacheront pas à ma lumière. Je me regarde ici bas comme le laboureur qui, après avoir semé son champ, voit d'un côté la semence dévorée par les oiseaux ; de l'autre, celle qu'il jetta dans les pierres desséchée dans son germe ; et de l'autre enfin, celle qui tomba dans la bonne terre, portant des fruits qui le dédommagent de ses travaux et de ses sueurs.

» Je sème dans le monde ; je cherche à réchauffer dans tous les cœurs le germe de la raison : la plupart sont fermés à mon zèle ; mais j'en trouve qui s'ouvrent au rayon de la vérité.

» Heureux, heureux ces cœurs confians ! le ciel couronnera leurs desirs, et sera sourd aux vœux frivoles de celui qui aura méconnu la sagesse ».

Les disciples lui demandent alors pourquoi le ciel a placé le méchant à côté du juste.

« Eh quoi ! reprend le sage, vous croiriez que le crime est sorti de la main divine ? tremblez en proférant ce blasphême.

Dieu, en formant l'œuvre de l'homme, l'embellit de son plus bel attribut : il lui céda pour le tems de la vie, la liberté, faculté d'agir illimitée, qui borne même la puissance du créateur. Mais à sa mort il doit compte de ce dépôt sacré confié à sa nature. Alors, rentrant dans sa classe première, il sera soumis à l'examen de l'abus qu'il aura fait de cette faculté, devant ce Dieu qui ne veut trouver dans l'homme que justice et bienfaisance. Le crime qui dévore la terre émane donc de la seule volonté de cet être créé libre. La conscience, ce juge sévère que Dieu mit dans notre sein, pour guider notre volonté, et qui nous condamne inflexiblement lorsque nous courons au vice, atteste d'une manière frappante et sensible la sagesse et la bonté du créateur. De nous seuls sont nés les vices et les maux qu'ils enfantent : n'en accusons plus l'Être suprême, car cette injustice seroit devant son trône l'arrêt de notre condamnation.

» Consultez en tout tems votre conscience, et livrez vos cœurs à la raison ; alors vous verrez affermir vos destinées.

» Reconnoissez enfin, mortels, les vraies sources du repos et de la félicité.

» Et vous, les ministres des vrais autels, connoissez le droit que vous avez de rendre heureux les hommes, en les guidant dans le chemin de la vertu ; méritez la bénédiction du maître de la nature ».

Il s'échappe alors du sein du concours, et se met en marche pour sa ville natale.

CHAPITRE VII.

Arrivé à Nazareth, il va à la synagogue, et là, appellant ses concitoyens, il leur annonce sa doctrine, et les exhorte à s'arracher des bras du vice.

Ces êtres orgueilleux, outrés de voir Jesus improuver leur conduite, se disoient : « Oublie-t-il quels sont nos droits, et quelle est son origine ? Le fils de Joseph, ce malheureux né dans la fange et élevé dans la misère, ne pourra jamais être notre prophête ». Le sage leur dit alors : « Vous méditez des desseins perfides ; nul, je le sais, n'a jamais pu recueillir dans son pays le prix de l'estime. Eh ! que vous importe mon état et ma naissance, si je viens vous offrir le bonheur. Les hommes sont égaux sur cette terre ; le seul être véritablement grand est celui qui suit l'humilité. Des audacieux cherchent en vain à détruire les loix de la nature; elles sont immuables. Qu'ils tremblent ces tyrans, en envisageant le sort destiné à leur audace! Le malheureux qui gémit sous le joug de la douleur et de l'infortune, a plus de droits que vous auprès d'un Dieu équitable ».

Ce discours augmente la haine de ses concitoyens : il se voit enfin forcé d'abandonner les lieux de sa naissance.

En sortant de Nazareth, il s'écrie : « Tu sais, peuple barbare, comment se conduisit Elisée envers la nation ingrate d'Israël; il quitta son pays, où il n'avoit trouvé qu'injustice, et fut au fond de l'Assyrie donner l'exemple et les leçons de la sagesse; de même, en pleurant sur ton audace, j'irai porter en d'autres lieux le flambeau de la vérité ».

Comme il parloit ainsi, un homme l'aborde, et lui dit : « Eloigne de mon cœur l'incertitude. Attaché aux principes de l'athéisme, je ne vois devant moi qu'un néant affreux : cette idée me devient effrayante. O Jesus ! rassure sur ce point mon ame ».

« Tu doutes, dit le sage? Viens fixer la nature : contemple les cieux qui couvrent ta tête, et admire. Les miracles nombreux qu'ils t'offrent à chaque instant, ne t'annoncent-ils pas leur source sublime ? Ne vois-tu pas sur tout ton être la main du créateur, et ne trouves-tu pas en ton ame la preuve de son existence ? Oui, les signes de son règne, de sa bonté et de sa sagesse, sont marqués sur les cieux, sont placés en tous lieux de la terre, et sont gravés dans le fond de nous-mêmes. Le mortel qui doute après des traits si frappans et si sublimes, est indigne de l'être.

O athées, vous semblez faire ici bas l'épreuve du sort que vous réserve l'éternelle justice ; vous traînez votre existence dans la peine et la douleur ; et tandis que le sage brave le malheur avec calme, vous tombez aux premiers coups du sort ; et vous livrant au désespoir, vous cherchez à éteindre une vie qui vous est devenue insupportable. Ouvre les yeux, homme infortuné, vois les écueils aux bords desquels tu marchois, et retourne à l'instant sous la loi de l'Eternel : il aime son ouvrage, il chérit le juste, et pardonne à celui qu'aveugla l'erreur, et qu'anime le repentir ».

Il l'assure alors de sa conversion, et s'attache à sa suite.

Le bruit de ses succès se répand dans la métropole, et retentit jusqu'au trône du tyran. Dans son effroi, il dit à ceux qui l'entourent : « Ce sont sans doute les mânes de Jean, que j'ai immolé à ma vengeance ».

Ce sage venoit d'être condamné à la mort pour avoir improuvé la conduite qu'il menoit avec la femme de son frère. Importuné de l'aspect du sage, Hérode s'en seroit défait depuis long-tems, s'il n'eût appréhendé l'ascendant qu'il avoit pris sur le peuple. Cette crainte, qui avoit suspendu ses coups, s'évanouit dans une fête qu'il donna à sa cour.

Hérode, dans les accès de la débauche, fit le serment à Hérodias, sa nièce, de combler en ce jour tous ses désirs.

Hérodias, guidée par sa mère, qui avoit juré la perte de Jean, lui demande aussitôt sa tête.

Le tyran, arrêté par la crainte, hésite

d'abord ; mais enfin il prononce le fatal arrêt.

Les bourreaux accourent dans le cachot du sage : il les voit entrer d'un œil paisible ; et leur présentant sa tête, « Assouvissez votre rage, leur dit-il ; allez offrir à votre roi le breuvage de mon sang ; puisse-t-il rassasier sa barbarie » ! Il est enfin frappé, et sa tête, apportée au tyran, devient, par sa main, le gage de sa tendresse.

En ces tems malheureux, Jesus étoit aux environs de Tyr. Instruit de la mort de Jean, il vit que la tyrannie ne s'arrêteroit pas à cette victime. Alors, pour sauver les siens de la proscription, il se décide à passer dans le désert.

Les peuples de ces cantons, instruits de son projet, ne tardent pas à l'y suivre. Il y étoit à peine arrivé, qu'il se voit entouré par une foule immense, venant des villes voisines lui témoigner sa confiance, et implorer son retour parmi eux.

Le sage étonné de leur démarche, bénit leur zèle, et leur promit de satisfaire à leur demande.

La nuit régnoit alors sur les cieux ; les disciples observant les troupes, s'approchent de Jesus, et lui disent : « Maître, voilà un grand peuple, et nous sommes ici sans nourriture ; ordonne-leur d'aller passer la nuit dans les hameaux voisins, et de retourner dès l'aurore à leurs villes ».

« Loin de moi ce moyen vulgaire, répartit le sage : assemblez près de moi les tribus. La foule se précipite aussitôt vers lui : il la considère et s'écrie : O vous, dont j'ai béni le zèle et admiré le courage, pourriez-vous, différant des vrais adorateurs de la sagesse, braver en ce moment la loi de la nécessité ? Quand le juste a nourri son cœur des fruits de la raison, il voit avec dédain les fruits destinés à la vie ; il regarde le besoin avec calme, et le brave avec constance. Vous ne trouverez point ici de nourriture physique ; mais je vous y offre le pain des cieux : ce pain qui, composé par la grace, porte un baume délectable dans les cœurs, et ranime l'existence affoiblie.

Nourrissez-en

Nourrissez-en vos ames incertaines, et renaissez pour le bonheur ».

A ce discours, les peuples transportés d'admiration et de joie, célèbrent à grands cris sa sagesse : la nuit entière fut consacrée à des chants à sa gloire.

Le soleil paroissoit à peine sur l'horison, qu'il harangue les peuples, les bénit, et les engage à retourner dans leurs villes.

Les ayant vu s'éloigner, il s'écarte des siens, pour se livrer au recueillement.

Les disciples abandonnés à eux-mêmes, cherchent à sonder leurs cœurs, et à apprécier leurs forces ; mais dès qu'ils jettent les yeux sur le monde, et qu'ils y voyent la sagesse proscrite, ils sont enchaînés par la crainte ; ils se sentent attirés vers le sage ; mais ils tremblent en envisageant l'injustice des hommes. Ils flottoient dans une mer d'incertitudes, lorsque Simon, plus ferme en ses sentimens, leur dit : « Périssons, s'il le faut, par la main des hommes ; mais remplissons la loi que nous impose la sagesse ». A ces mots, il s'avance vers l'endroit où se trouvoit Jesus. « Bénis, lui dit-il, la nouvelle ardeur qui m'anime ; permets que j'aille en ce jour chez les mortels, combattre les tyrans de la raison ».

Tu ne le peux point, répond le juste, la foiblesse habitoit naguères ton ame ; elle n'est point affranchie : viens encore chercher à mes côtés le courage qui sait braver la haine, l'injustice et la mort ».

Il retourne alors vers la troupe, et découvrant sur leurs fronts leur inquiétude, il leur dit : « L'orgueil ou la crainte vous auroient-ils vaincus? Êtres ingrats, tromperiez - vous l'attente de l'Être suprême ? rejetteriez - vous les dons de la grace ? Ah ! éloignez-vous des bords du précipice, où vous a entraînés la foiblesse » !

A ces mots ils tombent à ses pieds ; ils lui peignent avec douleur la cause de leurs craintes ; et l'assurent de leur repentir.

Touché de leurs pleurs, il les relève et bénit leurs nouveaux sentimens : il quitte au même instant cette contrée, et marche vers Génézareth.

Decheppe.

CHAPITRE VIII.

Les scribes de ces pays, jaloux du succès de sa doctrine, l'arrêtent sur la route, et lui tiennent ce discours : « Pourquoi tes disciples profanent-ils sans cesse la loi ? qui pourroit les soustraire à son pouvoir » ?

« Qu'entends-je, réplique le sage : est-ce vous, prêtres profanateurs, qui prétendez venger les loix divines, vous qui les couvrez toujours d'un voile perfide ? Je ne saurois, semblable au vulgaire ignorant, baiser vos chaînes sanglantes ; je ne reconnois d'autre précepte que celui qui émane de la loi simple de la nature » ; il se retourne alors vers le peuple, et poursuit ainsi : « Peuples, écoutez-moi, et arrêtez-vous à ces paroles ; un tribut qu'a pêtri l'orgueil, n'est point agréable au père de la sagesse ; il n'a point créé ces loix que leur audace vous prêche. Un seul hommage est digne de lui ; c'est celui d'un cœur affranchi de l'erreur et du vice. Auriez-vous pu penser qu'un signe puéril ait pu satisfaire le créateur de la nature ? Vous l'offensez en le mettant au niveau de votre foiblesse ; vous le verrez un jour frapper le mortel perfide qui entoura son temple des hochets du mensonge. Ah ! fuyez ces prêtres qui, sous un front hypocrite, vous tracent de vains devoirs, et vous prêchent des loix barbares. Observez en paix les loix de la justice ; cherchez loin des autels les fruits de la sagesse ; nourrissez-en vos débiles cœurs ; alors Dieu verra votre hommage, comme le digne tribut dû à sa puissance ».

En ce moment deux fanatiques s'avancent vers lui, et lui disent : « Fils de David, étouffe en nos cœurs la flamme qui nous dévore. Amis zélés de la religion, nous avons tout fait jusqu'ici pour sa splendeur ; nous avons poursuivi ses ennemis ; nous les avons même immolés à sa gloire, et le ciel semble maudire nos destins ; nos ames sont sans cesse en proie à la peine. O être bienfaisant! montre-nous le remède à nos maux.

« Eh quoi! vous existez, répond le sage; la foudre n'a point frappé vos fronts coupables? O mon Dieu! que ta bonté est grande, après de tels forfaits! vous osez offrir vos homicides au père de la clémence? Sachez qu'il ne bénit que le tribut de la paix et de l'amour; sachez que les forfaits sont une offrande exécrable à ses yeux, et qu'il garde sa malédiction au lâche mortel qui la lui offre. Et vous avez cru suivre sa loi, en immolant votre semblable? O comble d'égarement! O le comble du crime! ouvrez enfin les yeux, ministres aveugles de la rage, et fuyez ces hommes sanguinaires qui vous excitent au meurtre, et vous promettent l'immortalité pour prix de vos forfaits; ils vous entraînent dans l'abyme. Vous les reconnoîtrez à leur audace. Ne suivez désormais que l'humilité; elle n'habite point dans les temples, mais dans l'ombre des déserts; rappellez-vous à vous-mêmes, et le ciel pardonnera votre erreur. Allez, souvenez-vous que tout ce qui s'écarte de la nature fait outrage à la divinité ».

Vaincus par ce discours, ils annoncent à grands cris sa victoire. Alors il s'embarque, et vole aux bords de Magdala.

Les scribes, acharnés en tous lieux à sa perte, accourent aussitôt sur le rivage, et lui parlent en ces mots :

« Nous venons te demander pourquoi Dieu ne fixe point notre incertitude, en se montrant à nos yeux sous une forme sensible » ?

Le sage frappé de tant d'audace, répond : « O êtres coupables, vous osez commander au maître du monde? Les tableaux de la nature et les miracles nombreux qui s'opèrent chaque jour sur le ciel et sur la terre, ne le rendent-ils pas vivant à vos yeux? Tremblez, vous le verrez un jour, et vous vous abaisserez devant sa justice ». Il se tait et s'éloigne, les laissant en proie à la confusion et à la rage.

Alors les disciples rangés à ses côtés, lui disent : « Nous n'avons ici aucune nourriture, et l'ombre s'étend sur les cieux. Permets qu'avant l'obscurité, nous allions en chercher sur la rive voisine ». Allez, leur dit Jesus, mais rejettez le levain du scribe.

Etonnés à ces mots, ils lui en demandent l'explication. « Oui, poursuit-il, rejettez le levain du scribe ; il fut pêtri par l'envie et la haine. Eh ! n'avez-vous pas toujours à craindre ces ennemis féroces ? restez plutôt ; votre foiblesse vous rendroit leur proie. Les enfans de la sagesse sauront braver un instant le besoin. N'oubliez point le jour que je nourris un grand peuple avec le pain de la raison ; et bénissez le ciel, ce ciel prospère, qui l'offre sans cesse à vos ames ».

Il marche alors vers Césarée. Dans le chemin, il les interroge sur l'opinion des peuples envers lui.

« Les peuples, disent les siens, frappés de ta sagesse, te croient le messie qu'ont annoncé les prophêtes : » et vous, reprit-il, comment me voyez-vous ?

« Je te vois, dit Simon, comme un juste dont le ciel bénit le vœu légitime ».

« Oui, reprit Jesus, je suis ici bas l'ami

de la justice : j'ai acquis des droits à la bonté de Dieu, en épurant son culte si long-tems profané. Je te vois de même, ô Simon, comme l'organe fidèle de ma doctrine : je la remets en tes mains ; songe qu'une race assassine cherchera en tous lieux à l'y étouffer, et songe qu'elle est la source du bonheur des hommes. L'Eternel, du haut de son trône, bénira le soin que tu prendras de la défendre ».

Il s'épanche alors dans leurs ames : « Apprenez, leur dit-il, le sort qui me menace ; je touche au but de ma carrière, et vous ne le pressentez pas, mes chers amis. Je ne puis me soustraire au courroux des scribes, qu'ont armé contre moi les succès de ma doctrine. En ce moment ils méditent ma perte, je le sais ; mais bravant leur rage et le péril que me garde leur haine, j'irai jusqu'aux pieds des autels défendre la sagesse. Je dois à tout prix dessiller les yeux des hommes, et sceller même ma doctrine de mon sang. Puissiez-vous, fidèles à vos sermens, me seconder dans cet assaut terrible, et cueillir à mes côtés le laurier éternel de la gloire.

La troupe alarmée répartit à ces mots : « Maître, fuyons le lieu cruel où t'attend la barbarie : allons dans le désert éviter ces êtres farouches que ta grandeur a fait tes ennemis ; viens y jouir des droits acquis sur nos ames ».

« Je ne le puis, répond le sage ; je dois suivre jusqu'au bout la carrière. Telle est la loi suprême de la sagesse. Si, attachés à ma destinée, vous voulez partager mes périls, écartez de votre sein la terreur, ce sentiment qui naît de la foiblesse ; appellez-y le courage qui sait braver le courroux et mépriser la haine, et suivez mes pas glorieux. Eh ! que sont les tourmens et la mort même, quand Dieu nous tend ses bras favorables ! Si je tombe sous les coups de l'audace, ma mort sera bientôt vengée. Le jour aura à peine paru trois fois sur la terre, que le remords s'emparant du sein de l'homme, lui montrera le tableau de ma vie ; alors ne la voyant pas flétrie par l'opprobre, il connoîtra sa démence, et pleurera en vain son crime. Tel est, ô mes amis, l'aspect de ma destinée ».

La troupe, frappée de cette annonce,

passa la nuit dans la douleur et dans les larmes.

Le sage appercevant une haute montagne près du lieu où ils se trouvoient, appelle Simon, Jacques et Jean. « Allons, leur dit-il, admirer au haut de ce mont le grand œuvre de l'Être suprême ».

Il y monte aussitôt ; parvenu au sommet, il leur fait envisager les cieux, et leur tient ce discours : « Contemplez l'espace immense de cette voûte, sur laquelle luit le trône de l'Eternel ; observez les mondes qui la couvrent ; reconnoissez à cet aspect l'immensité de son pouvoir. Ah! offrons-lui sur ce haut autel le pur encens de nos ames. O mon père, s'écrie-t-il, permets que je me jette dans tes bras augustes! mon cœur, où ta bonté répandit ta sublime essence, a conservé la pureté de sa nature; il est digne de la bienveillance de son auteur ».

En ce moment les disciples sont saisis d'un saint enthousiasme, et leurs ames se confondent devant le trône divin.

Jesus leur dit alors : « Je vois sur vos fronts un signe de victoire ; allons vaincre l'erreur, la mort et l'envie; allons par nos travaux, mériter le bienfait que nous offre le père de la grace». A ces mots, il descend de la montagne, et retourne parmi les siens.

CHAPITRE IX.

Il les trouve entourés d'un grand concours : la troupe empressée se range aussitôt à ses côtés, et lui dit : « Assure-nous si, comme l'annoncent les scribes, Elie est dépositaire du bonheur, et s'il doit paroître un jour sur la terre ».

Ils sont dans l'erreur, répond Jesus : « Elie a déjà parcouru la carrière : Jean, ce sage qu'ils ont méconnu et outragé, les appella au vrai bonheur ; je le leur offre encore, et ils le dédaignent ».

Comme il disoit ces mots, un homme se jette à ses pieds, et lui dit : « Juste, tends tes bras vers mon fils : tes disciples n'ont pu l'arracher à son affreux systême.

Jesus se retourne aussi-tôt vers eux. « Vous verrai-je, leur dit-il, toujours en proie à la foiblesse ? Vous quitterai-je, enfin, sans avoir un garant de votre victoire »? Alors, s'adressant au malheureux qui gémissoit à ses pieds : « Lève-toi, lui dit-il; viens prendre une nouvelle existence ». Il le presse contre son sein, il combat vivement son systême, et lui montrant le ciel, il frappe son ame, et la rend à son père.

Pendant qu'il établissoit ainsi les loix d'une sage philosophie, l'envie méditoit au loin sa perte. Instruit du péril qui le menace, il le brave, et marche vers Jérusalem.

Il suit sa route d'un front paisible. Arrivé aux portes de Jérico, le receveur des droits lui demande un didracme, assigné pour l'entrée.

« Je ne puis satisfaire à ce droit, lui dit le sage; mais cela ne doit point mettre obstacle à mon entrée: celui que la misère accable n'y est point sans doute soumis; il est acquitté par son impuissance ».

« Non, répartit le péager : nul ne peut s'en affranchir ». — « Qu'entends-je, reprit Jesus? les rois sont donc les ministres de la rage? Peuvent-ils rechercher un salaire jusques dans nos sueurs ? Qu'ils tremblent, en violant les loix de la nature ! Ils seront un jour écrasés sous le poids du sceptre de la justice.

» Ah ! puisque leur orgueil méconnoît même la sagesse, Simon, va sur la mer qui baigne ces bords, pêches-y pour payer le droit qu'ils exigent, et dis-leur que le juste est né le roi de la terre, et que ses droits sont gravés dans le livre éternel ».

Il relevoit ainsi notre être, quand ses disciples lui demandent : « Quel est de tous les sentimens celui qui distinguera l'homme aux yeux de Dieu » ?

« Vous l'ignorez encore, leur dit le sage ; c'est l'innocence : elle aura le premier rang près du trône divin. Malheur à ceux qui l'outragent ! O mortels ! cent ennemis veillent sans cesse autour de vos ames ; occupez-vous à les combattre, et n'attaquez point l'homme innocent, cet être paisible et sans défense ; craignez de lui tenir des discours trompeurs, car cette audace vous seroit fatale.

» O mes amis ! suivez mes préceptes, et vous atteindrez au but sublime ». Simon, l'interrompant, lui dit : « Combien de fo dois-je pardonner une injure à mon ennemi » ?

« Cent mille fois, répond Jesus : vous devez donner l'exemple aux hommes. Si ceux qui s'annoncent les organes de la sagesse, n'observoient point les loix de l'indulgence, s'ils vous voyoient armés sans cesse contre l'outrage ; plus aveuglés que vous, ils n'écouteroient que la vengeance ; le monde ne seroit bientôt mû que par ce sentiment affreux ; vous deviendriez enfin les artisans de sa ruine ».

Il passe alors le fleuve du Jourdain, et s'avance vers la Judée.

Les scribes de Jérusalem, instruits de sa marche, s'assemblent aussi-tôt pour se concerter sur les moyens de l'éloigner de la métropole. Les plus doctes se décident enfin à aller le combattre au milieu des nombreux concours qui l'environnoient.

Ils marchent vers le sage, ils l'abordent, et lui disent : « Explique-nous, toi qui te dis l'organe de la vérité, si l'homme peut répudier sa femme » ?

Le sage leur répond : « Le lien de l'hymenée peut être rompu par la mésintelligence des êtres, ou par le vice de l'un des époux. Mais qu'il doit être respectable aux yeux des hommes ! Qu'il est nécessaire à leur bonheur ! Il retient dans les cœurs l'amour et la paix, il contient les passions impétueuses, réuni à ceux de la nature, ils forment le nœud sublime, qui soutient l'existence de l'univers. Voilà, troupe audacieuse, comment la raison voit l'hymenée ».

Alors un jeune homme qui le suivoit depuis Capernaüm, lui dit : « O bon Jesus ! montre-moi la route du bonheur. L'être bon, répond le sage, n'habite que dans la sphère céleste. Veux-tu trouver la route du bonheur ? suis en paix les saintes loix de la nature. Je les ai constamment observées, reprit le jeune homme. As-tu, replique le sage, partagé tes biens avec les pauvres » ?

A ce discours inattendu, le jeune homme confus, s'éloigne, préférant les hochets de la fortune, aux trésors de la vertu. « Vous voyez, dit alors Jesus, en s'adressant aux peuples, combien la richesse est funeste aux hommes ; elle fait naître dans les cœurs l'oubli de soi-même ; elle y nourrit l'égoïsme et le vice : en repoussant la

raison

raison de son sein, le riche perd ses droits à la clémence. La bienfaisance est un devoir sacré attaché à notre nature. Soyez bienfaisans, car lorsque vous paroîtrez devant le très-haut, pour rendre le compte de votre vie, il vous demandera le tableau des bienfaits que vous aurez répandus sur vos frères. Alors paroîtra devant son trône le malheureux dont vous vîtes la misère sans pâlir, et celui que repoussa votre barbarie, implorant contre vous la justice divine : là, paroîtront ces sages, qui en travaillant à votre bonheur, devinrent victimes de votre orgueil farouche : ils vous accuseront devant l'Eternel d'avoir rejetté ses loix, et de vous être nourris des sueurs des malheureux. Alors le très-haut séchera de sa main les pleurs de ces êtres, qu'opprima votre lâcheté; et les serrant dans ses bras augustes, venez, leur dira-t-il, dignes enfans de ma gloire, partager ses fruits précieux; et se retournant vers vous, égoïstes méprisables, il vous dira : « Allez, monstres affreux de la terre, vous qui, violant mes loix, osates exercer un pouvoir tyrannique, vous qui ne sutes point désaltérer un frère, expier loin de moi par vos longs regrets votre crime et votre ingratitude ».

« Tel est le sort réservé à celui qui n'aura point rempli ici-bas la tâche que lui imposa la nature. Arrêtez-vous sur cet effrayant tableau, et jettez-vous dans les bras de la bienfaisance : contemplez la fragilité de votre être ; voyez la mort se jouant de votre destinée, frapper indistinctement tous les âges. Empressez-vous de remplir votre devoir, de peur qu'elle ne vous surprenne dans votre foiblesse, et ne vous prive de vos droits au bonheur ».

« Explique-nous, dit alors Simon, de quels droits jouiront ceux qui auront tout quitté pour se consacrer au travail de la sagesse ? Ceux-là, répond Jesus, seront assis un jour près du trône divin. Oui, celui qui, adoptant ma doctrine, et méprisant les biens de la terre, bravera la haine et l'injustice des hommes, jouira des biens de l'immortalité. Hâtez-vous donc d'ouvrir les yeux à la lumière ; Dieu pardonne au repentir : il est envers vous comme le seigneur, qui, pour semer son champ, fit louer des ouvriers au lever de l'aurore, qui en fit louer à la sixième, septième, huitième et onzième heures, et qui, le soir, sans calculer le tems de leurs travaux, leur donna une même paye; et qui, voyant les uns l'accuser d'injustice, leur dit : Ne puis-je pas répandre à mon gré ma fortune? En vain vous voudriez enchaîner ma volonté; elle est invariable. Ainsi, le Dieu de la bonté se plaira à mettre au niveau de ses fils les plus chers l'homme qui sera rentré dans le sentier de la vertu, sans calculer les tems de son égarement ».

Il montoit alors vers Jérusalem. « Nous avançons, dit-il aux siens, vers ce lieu où je dois combattre les ennemis de la sagesse, où je dois venger la raison et la nature ».

Comme il disoit ces mots, la mère de Simon se prosterne à ses pieds. « O juste, lui dit-elle, fais que mes fils soient assis près de toi dans le séjour céleste ».

Vos vœux sont insensés, leur dit Jesus, pourrez-vous boire comme moi la coupe de l'ignominie ? Nous le pourrons, répondent les deux disciples ».

« Je bénis votre ardeur, reprit le sage, mais je ne puis vous promettre aucun rang dans les cieux ; ils sont donnés par l'Eternel. Bornez plutôt votre prière ; l'orgueil s'empare de vos cœurs ; craignez son délire funeste : le plus grand d'entre vous aux yeux de Dieu, sera celui qui suit l'humilité. Vous donc, qui ambitionnez le plus haut titre, apprenez au dernier rang à le mériter. Je suis venu moi-même, semblable à un serviteur, travailler dans le champ de la vie, et dans ce champ qu'assiègent les vices, je dois sauver vos fruits, aux dépens même de mon sang ».

Il entre alors dans Betphagé. De ces lieux qui dominent Jérusalem, il observe cette cité : d'affreux pressentimens agitent tout-à-coup son ame. L'aspect de son danger y porte d'abord la crainte ; mais se surmontant aussitôt, il se retourne vers le peuple, et s'écrie : « Il est tems de marcher à l'outrage ; abordons cette ville, où l'audace s'apprête à me frapper ».

A ces mots prononcés avec véhémence,

les peuples sont consternés ; ils maudissent tout bas la destinée. Jesus entendant leurs murmures, s'avance dans la foule, et leur dit : « N'outrageons pas le ciel par de vains regrets, ne lui attribuons pas les maux que nous offre cette vie ; jamais rien d'injuste ne sortit de la main divine ».

CHAPITRE X.

IL entre dans Jérusalem : il traverse la ville, d'un front où règnoient la candeur et la vérité, et marche avec les siens vers le temple.

Il arrive, il entre dans le lieu saint, et voyant le parvis consacré à un vil négoce, il en chasse au même instant les suppôts.

Il s'avance alors vers les sacrificateurs, et leur dit : « Race coupable, comment oses-tu livrer au vil intérêt les lieux où doivent règner l'amour et l'innocence ? As-tu pu sans trembler, établir autour du tabernacle un repaire affreux de larrons » ?

Il s'assied parmi les siens, et resserre en ces lieux les liens de leurs cœurs. — Les sacrificateurs étouffent d'abord leur rage, mais bientôt pleins de ce sentiment, ils s'approchent du juste, et lui disent : « les enfans t'appellent le vrai fils de Dieu ; réponds, d'où tiens-tu ce droit sublime ? Celui-là est son vrai fils, repart Jesus, qui fait respecter sa loi suprême. — A ces mots il se lève, il sort du temple et de la cité, et va passer la nuit au bourg de Béthanie. Il l'emploie au recueillement, et de grand matin il se remet en marche pour la ville. Dans la route, souffrant de la faim, il cherche une nourriture sur un figuier qui s'offre à sa vue : n'y trouvant point de fruits, il se retourne, et dit : « puisse-tu, toi qui n'a que l'ombre de la vie, voir ta race détruite dans ton sein » !

Les disciples surpris, lui demandent pourquoi il maudit l'existence de cet arbre. « Cet être, répond-il, a trompé la confiance de la nature : elle lui prodigua ses bienfaits, et l'ingrat reste sourd à sa voix auguste : il mérite la mort, ce monstre de la terre ».

« Eh ! ne voyez-vous pas pourquoi je le maudis ? il est l'image de l'homme coupable ; le ciel mit en lui le germe de la sagesse ; la raison lui offre sans cesse ses bienfaits ; il la repousse cependant de son sein, et trompant la confiance du créateur, il étouffe en lui le précieux germe. Il mérite les coups de la foudre ».

« O mes amis, écoutez la voix de la raison : elle est l'organe du bonheur ; elle nous fait jouir de nos droits ; il n'est rien de précieux dans la nature, que ne trouve l'être qu'elle anime ».

En rentrant dans la ville, il marche vers le temple. Comme il passe au parvis, les sacrificateurs lui disent : « O Jesus, quelle est ton origine ? Qui te porte à violer les saintes loix ? D'où tiens-tu enfin le droit de changer ce monde » ?

Et Jean, repartit le juste, d'où tenoit-il son droit sublime ?

Arrêtés par la présence des peuples, qui avoient confiance en Jean, ils répondent tous confus, « nous sommes dans l'ignorance sur ce point ».

« O prêtres, reprit-il, vous outragez les cieux ; vous proscrivez la sagesse ; vous cherchez à perdre ses adorateurs ; tremblez ; cette conquête vous sera fatale ».

Ne pouvant contenir leur rage, ils sont

prêts à le frapper, mais l'aspect du peuple enchaîne encore leur audace. Il poursuit alors en ces mots : « Tu sais, race obstinée, ce que fit ce roi qui donnant des fêtes à sa cour, invita ses sujets à y prendre part ; et qui les vit, méprisant sa bonté, fuir en foule loin de son palais, et maltraiter ceux qu'il envoie vers eux, sur la route. Ce roi juste, repoussant la clémence de son sein, arma son bras d'un glaive, et frappa leur tête orgueilleuse. Dieu vengera ainsi ceux qui, suivant sa loi, vous appellent au bonheur, et qu'outragent vos mains barbares ».

Alors les Hérodiens s'avancent vers lui : « Explique-nous, lui disent-ils, d'après les loix de la sagesse, si nous devons un tribut à nos rois » ?

« Vous ne leur devez rien d'après ces loix, répond le sage : s'ils réclament un tribut, ce droit est fondé sur des conventions politiques. Le roi est votre égal dans la nature ; il n'a d'autre privilège que celui dont votre volonté l'a rendu dépositaire. Si vous eussiez respecté votre Être, vous n'auriez point eu de rois ; vous n'auriez jamais vu des tyrans enchaîner vos destinées : l'erreur profitant de votre foiblesse, s'est emparée de vos cœurs ; elle vous a liés à son joug ; elle a fasciné votre vue : alors vous avez méconnu la nature des rois ; vous avez cru leur existence fondée sur un droit divin ; et vous leur avez cédé le pouvoir : votre égarement a semblé éterniser leur règne ».

A ces mots les Saducéens, cette secte absurde, qui bornoit l'Être au but de la vie, s'approchent, et lui tiennent ce discours :

« Termine notre incertitude ; lorsque tous les mortels se trouveront près du trône suprême, et que sept frères y verront la femme qui fut tour à tour unie à leur sort, auquel d'entre eux sera-t-elle accordée » ?

« L'erreur vous aveugle, répond le sage. Ah ! connoissez le but du créateur : jamais vos corps ne seront dans les cieux ; jamais on n'y verra d'hyménée ; un destin nouveau commence à votre mort. O vous qui limitant le pouvoir suprême, doutez d'un avenir éternel, sachez que le créateur de la sagesse, le Dieu de la bonté et de la clémence, ne nous tira point du néant pour faire une épreuve de son pouvoir. Il soumit à l'homme un univers ; il le créa le roi des êtres qui le couvrent ; il fit plus, ce père généreux divisant son essence, en composa son ame : elle est donc immortelle, ainsi que celle de son auteur d'où elle émane ».

Comme il parloit ainsi, des scribes surviennent, et lui disent : « Quel est, selon toi, le précepte le plus grand de la loi de Moyse » ?

« Celui, répond le juste, qui reconnoît le maître des cieux, et qui jettant la confiance dans les cœurs, nous acquiert des droits à sa bonté. Toute la loi est circonscrite dans le précepte qui nous attache à Dieu, et celui qui nous lie au prochain. Oui, race insidieuse, la vraie loi est fondée sur ces deux préceptes. Tout ce qui s'en écarte devient profanation et iniquité ».

Alors se retournant vers le peuple, il poursuit ainsi : « N'écoutez pas les discours des scribes ; guidés par l'égoïsme, ils vous entraînent au malheur : ils se disent les appuis de vos droits, et ils prêchent ceux de la tyrannie » : et s'adressant aux siens, « n'imitez pas, dit-il, leur conduite orgueilleuse. Rappellez-vous qu'on n'atteint à la grandeur que par l'humilité et la bienfaisance ».

« O prêtres, vous avez juré haine à l'ambition, et mépris à la fortune ; pourquoi donc l'intérêt et l'orgueil sont-ils vos mobiles ? Je le sais, en démasquant vos fronts, je me mets en butte à votre fureur, et le calme que vous feignez en ce moment, est peut-être l'avant-coureur de vos coups : vous avez juré ma perte, vous méditez même celle de ces êtres innocens, que ma voix a conquis à la sagesse. Mais ne croyez pas soustraire vos têtes à celui qui lit dans les cœurs : un jour le sang des justes, immolés à votre rage, sera devant le très-haut le signe de votre réprobation ».

Et toi Jérusalem, qui dans ton égarement outrages la sagesse, tremble : bientôt je fuirai tes murs ensanglantés, et le malheur y établira son empire ». Alors il se lève, il sort du temple et de la ville, et marche en silence vers le mont des Oliviers.

CHAPITRE XI.

ARRIVÉ sur la montagne, il s'assied au milieu de ses disciples, et leur tient ce frappant discours :

« Le monde court aveuglément à sa ruine : l'homme plongé dans le délire, maudit en tous lieux la sagesse, et bénit l'empire fatal de l'erreur ; on ne voit que crime et brigandage sur la terre ; ici, le fanatisme en enchaînant les cœurs, leur enfante d'horribles maux ; là, l'ambition achète au prix du sang une domination perfide ; et là enfin l'égoïsme, ce sentiment qui abaisse l'homme au-dessous de la brute, épuise dans l'ombre les sources fécondes de la vie. Tel est, ô mes amis, l'aspect effrayant du monde : contemplez la source des maux de vos frères ; voyez-les naître d'un vain égarement ; ah ! tâchons de les sauver de leur perte ! découvrons-leur l'abîme, aux bords duquel ils marchent avec calme ; dévoilons-leur le principe de leur être ; et fixons-les sur l'avenir : qu'ils voient l'ami de la paix et de l'amour, recevant des mains de Dieu, la couronne de l'immortalité, et qu'ils voient les esclaves du crime, en proie aux fureurs du remords et du désespoir. Frappons leurs ames de ces tableaux consolans et terribles ; faisons revivre le règne de la vérité ; assurons enfin les destins des hommes ».

Alors les prêtres assemblés chez Caïphe, se consultoient sur les moyens de le perdre. Un grand obstacle les arrêtoit ; ils craignoient d'armer le courroux du peuple, dont il avoit acquis la confiance.

Ils flottoient entre divers projets, quand Judas, disciple de Jesus, accourt chez Caïphe : étant introduit au conseil, il leur dit : « Je viens, instruit de vos desseins, vous offrir les moyens de les remplir. Mettez un prix à mon service, et je vous livrerai incessamment mon maître ». A ces mots, le grand-prêtre se lève, et lui tendant une somme d'argent, « le voilà, lui dit-il ; remplis en ce jour ta promesse ».

Judas sort aussitôt, et va méditer sur le moyen de satisfaire à son engagement funeste.

Jesus étoit alors à Béthanie, dans la maison de Simon, le lépreux. Comme il étoit à table, une femme s'approche et répand sur sa tête un baume d'un grand prix.

Les disciples considérant cette perte, murmurent en disant : « N'eût-il pas mieux valu en partager le prix aux pauvres de ces contrées » ?

Le sage leur répond : « Pourquoi regardez-vous avec dédain une action qui marque la pureté de son ame? sans doute, elle me l'offre pour l'appareil de ma sépulture. Cette démarche, je vous le dis, sera bénie devant le trône divin ».

C'étoit en ce moment l'époque de la pâque. Les disciples lui demandent en quel lieu ils doivent préparer le festin. « Retournons à la ville, leur dit-il, et là nous chercherons un lieu, où nous puissions célébrer dignement la fête ».

A leur entrée dans la cité, il s'arrête devant une pauvre maison, et dit aux siens :

siens : « C'est ici le lieu favorable » : ils y entrent, et y préparent la cène.

C'est-là qu'il leur annonce le péril qui le menace, et la trahison qu'un d'eux cherche à exercer. La troupe affligée se jette à ses pieds, et le conjure de croire à son amour et à sa fidélité.

Judas s'avançant vers le sage, lui dit : « Maître, est-ce moi »?

« Oui, répond-il, c'est toi qui doit frapper ce cœur, qui te prodigua sa tendresse » : et se retournant vers la troupe, il dit : « rassurez-vous ; mon père punira l'ingratitude » ; observant alors l'agneau préparé pour la cène, il poursuit ainsi : « Voilà, mes amis, l'image du juste, immolé par l'homme féroce. Cet être, signe de l'innocence, mérita-t-il sa perte ? en suivant son instinct paisible, il obéit à la loi de la nature, de même en suivant son saint précepte, ai-je mérité de tomber sous les coups des hommes, dont je cherchois avec zèle le bonheur ? Bientôt semblable à cette victime, je deviendrai la proie de la fureur. Ne pleurez point, ô mes amis, je vole dans la gloire. Méritez, à mon exemple, les prix de la vertu. Rappellez ma destinée aux hommes ; montrez-leur le but de ma doctrine, et le tableau de ma vie ; ils y verront leur opprobre, et leur injustice : ils connoîtront les dangers de l'erreur, ils béniront ma sagesse, je renaîtrai enfin dans les cœurs ». A ces mots, il se lève, il sort de la ville, et retourne dans la nuit au mont des Oliviers.

Comme ils s'avançoient en silence, il dit aux siens : « Cette nuit va voir naître le plus grand scandale. N'oublierez-vous point les promesses que vous m'avez faites?

Non, répartit Simon : « Tu me verras souffrir mille morts, plutôt que de me voir infidèle à mon maître. — Tu comptes trop sur ta force, réplique le sage : hélas ! sois sûr qu'avant le jour, oubliant ton serment et ton devoir, tu auras trahi ton maître et la sagesse ».

Ils entrent dans Getsémané. Alors s'écartant de la troupe avec trois des siens, et se voyant seul avec eux, il leur dit : « Je suis en proie à la tristesse; aidez-moi, mes amis, à l'arracher de mon sein ». A ces mots il s'éloigne de quelques pas, et s'inclinant vers la terre, il reste quelque tems en méditation. Il lève enfin les yeux au ciel, et s'écrie : « O mon père, reçois le tribut de mes peines : la coupe de la douleur est amère ; je la boirai cependant sans gémir ; je dois apprendre à mourir à la vaine foiblesse ». Il se relève et marche vers les siens : les trouvant endormis, il leur dit : « dormez, dormez, êtres insensibles ! »

Appercevant alors une cohorte qui marchoit vers lui, « levez-vous, leur crie-t-il, venez voir mes ennemis, qu'un perfide guide en ces lieux ».

La troupe approchant du lieu où il se trouvoit, Judas l'apperçoit, il l'aborde et l'embrasse, et donne ainsi aux soldats le signal de son arrestation.

Au même instant il est couvert de chaînes. Il les reçoit avec douceur, et les contemple sans se plaindre.

Il se retourne alors vers ceux qui l'enchaînoient : « Pourquoi me couvrez-vous, dit-il, de ces fers destinés au crime? le juste ne sait point résister à la fureur. Pourquoi n'avez-vous pas commis votre forfait lorsque je prêchois dans le temple „ ?

Les disciples craignant d'être enveloppés dans sa perte, s'éloignent aussitôt, l'abandonnant à la rage des soldats. Jesus regardant autour de lui, et n'y voyant plus les siens, ressent une vive douleur ; il pleure même en envisageant leur ingratitude.

Alors sans autre appui que sa sagesse, il marche dans le sein de la cohorte.

En entrant dans la ville, il est conduit chez le souverain sacrificateur.

Pierre qui suivoit de loin la troupe, se mêle parmi les soldats, et pénètre dans la cour du pontife.

CHAPITRE XII.

LE conseil des scribes s'assemble de grand matin, pour délibérer sur le sort du sage. Après s'être assuré des témoins, Caïphe monte à son tribunal, et les prêtres conjurés s'asseyent à ses côtés.

Jesus est enfin conduit devant le pontife. Alors un des témoins l'accuse d'avoir dit, qu'il pourroit, en trois jours, détruire et rebâtir le temple.

Le conseil en criant au blasphême, demande vengeance de ce forfait.

Le chef des sacrificateurs prenant la parole, lui dit : « Justifie-toi, si tu le peux, de l'attentat dont il t'accuse ».

Jesus répond par un profond silence. « Dis-nous, reprend Caïphe, si le très-haut t'a donné le titre de son fils » ?

« La vertu, répond-il, m'a donné ce titre

sublime. Un jour vous me verrez jouir des fruits de son amour, tandis que vos fronts réprouvés seront humiliés devant son trône ».

A ces mots, le pontife déchire ses vêtemens, et s'écrie avec rage: « son blasphême atteste ses crimes. Vengeons sur lui le ciel outragé ».

Le conseil crie aussitôt, qu'il périsse! il est digne de mort ».

Ces monstres s'approchent du sage, ils le couvrent d'injures, et frappent son front glorieux. —Pierre étoit en ce moment dans la cour du pontife. Les soldats lui demandent successivement s'il ne connoît point Jesus. Animé par la crainte, il atteste sur toute la nature, qu'il ne l'a jamais vu.

Il avoit à peine prononcé ce serment, que le remords agite son âme. Alors envisageant son crime, il sort de ces lieux, et court pleurer au loin son erreur et sa perfidie.

Le sage étant jugé digne de mort au conseil des prêtres, est traduit devant Pilate, gouverneur de la Judée.

Dans le tems qu'une troupe barbare le

traînoit à ce tribunal, le traître Judas terminoit sa destinée. Ne pouvant résister aux tourmens du remords, il court dans le temple, tenant dans sa main le prix de son crime, et le jette sur l'autel, en criant : « Reprenez l'instrument de ma perte ; j'ai trahi, j'ai livré l'innocence ». Alors il se frappe, et détruit de sa main sa fatale vie.

Insensibles à ses remords, et sourds à son discours, les scribes consomment leur crime. Le chef des sacrificateurs l'accuse devant Pilate de divers attentats.

Le sage l'entend d'un front paisible, et garde un profond silence.

Pilate étonné de son calme, prend la parole, et lui dit : « t'es-tu jamais annoncé le roi de cette contrée ? Non, lui répond-il, je n'ai jamais formé un projet si vain. Le sage n'est point ébloui par le faux éclat du diadême. J'ai brigué l'empire des cœurs ; et j'ai cherché à l'acquérir par une victoire éclatante. Est-on criminel à tes yeux, pour avoir travaillé au bonheur des hommes » ?

Pilate est frappé de ce discours ; il voit

son innocence, et forme le projet de le soustraire aux coups de l'envie. L'occasion s'en présente au même instant.

C'étoit l'usage parmi les Juifs, de délivrer un prisonnier aux fêtes de la pâque : Pilate saisissant ce moment favorable, présente au peuple Jesus et Barabas, insigne voleur, et lui dit, en lui montrant Jesus, « fais le choix de l'innocence ». — A ces mots les prêtres irrités s'adressent au peuple : « Venge, lui disent-ils, le ciel outragé ; sauve Barabas, et accable l'impie Jesus des coups de la vengeance ».

Le peuple trompé par ce discours, crie à Pilate ; « sois propice à Barabas, et livre l'imposteur à la justice ».

Pilate touché de son sort, essaye de suspendre cet arrêt horrible. « Je ne vois, reprit-il, aucun forfait en cet homme ».

« Qu'il périsse, crient encore les prêtres ! Sa mort est juste et légitime ».

« Eh bien, dit Pilate, condamnez sans moi l'innocence. Je ne veux point souiller mon pouvoir ; j'improuve ce jugement inique. Son sang retombera sur toi, peuple barbare » !

« Qu'il

« Qu'il retombe, reprend le peuple ; sur nous et sur notre race » !

Craignant d'exciter son courroux par une plus longue résistance, Pilate le livre aux mains des bourreaux. Il est enfin conduit dans le prétoire. Là il souffre tous les tourmens qu'enfanta la barbarie. Les soldats séduits par les prêtres, joignent le mépris aux cruautés ; ils le revêtent d'une robe de pourpre, ils mettent sur sa tête une couronne d'épines, et plaçant un roseau dans sa main, « nous te saluons, disent-ils, roi de la Judée » ; et frappant à grands coups sur son front, ils y plongent les piquans aigus de sa couronne.

Il endure ces maux sans gémir ; et donne aux hommes le plus grand exemple de patience. Il est enfin chargé d'une énorme croix, et traîné jusqu'au mont du Test, lieu destiné à son supplice.

Il souffre tout sans se plaindre, et nul n'est frappé de sa grandeur d'ame.

La croix est enfin dressée entre deux scélérats, condamnés au même supplice. On lisoit sur sa tête cet écrit insidieux : « *Je suis le roi de la Judée* ».

Alors les prêtres accourent en foule sur le Test, pour assouvir leur barbarie. Ils se rangent autour de la croix, et s'adressant au sage, ils lui disent : « Sauveur de l'univers, pourquoi te perds-tu toi-même ? Descends de la croix, et nous adopterons ta doctrine ».

Le peuple applaudissoit à cet infâme discours, et caressoit ainsi les artisans de son opprobre.

Il élevoit alors son ame vers son père, et l'imploroit pour ses bourreaux. « Ô mon Dieu ! disoit-il, ne venge pas ma mort ; pardonne à ce peuple qu'aveugle l'erreur : ah ! que ta bienfaisance va me dédommager de son injustice » !

Les prêtres crient aussitôt : « Il est sourd à ta voix, imposteur insigne » !

Après quelques instans, il s'écrie encore : « O mon père ! tends tes bras vers ton fils ; reçois mon ame en ton sein propice ».

A ces mots, il expire. — En ce moment se consomme ce forfait, à jamais la honte du monde.

Alors Pilate déploroit le sort du sage, et maudissoit sa vaine terreur.

Les disciples, prosternés sur le Test, étoient en proie à la tristesse. Ils ne pouvoient se résoudre à quitter ce mont teint du sang de leur maître. Ils étoient dans cette situation pénible, lorsque Joseph d'Arimathie arrive sur le Test, escorté par des soldats : il venoit enlever le corps du juste. Pilate bravant trop tard le courroux des prêtres, lui avoit permis de le soustraire à leur barbarie.

Ils lui donnèrent enfin la sépulture, et pénétrés d'une douleur profonde, ils passèrent la nuit à pleurer autour du sépulcre. Alors se rappellant du discours où le sage leur dit, que peu d'heures après sa mort, les peuples revenus de leur délire, béniroient ses destins et sa sagesse, et du précepte, qui leur enjoint d'aller prêcher aussi-tôt sa doctrine, ils embrassent ses pieds ensanglantés, et font le serment de travailler à son exemple au bonheur des hommes.

En ce moment tous les cœurs étoient agités ; l'enthousiasme avoit déjà fait place au remords : Jérusalem connoît son erreur, et pleure son injustice.

En vain l'audace et le crime s'arment contre le sage; il est victorieux, en tombant même sous leurs coups.

Les disciples s'apprêtent à se séparer et à partir de ces contrées. Avant de se quitter, ils se rassemblent, et se retracent les leçons du sage : alors pleins d'un saint zèle, ils renouvellent le serment de mourir pour la vertu. Jesus renaissoit en ce moment dans leurs ames : ils s'embrassent enfin avec tendresse, et vont porter ailleurs le flambeau de la raison.

FIN.

ERRATA.

DISCOURS.

Page iij, ligne x. *lisez* : ni levé sur lui l'arme de l'infamie.

— x, — viij. *lisez* : tu nous offris d'y entrer.

TEXTE.

— 6, — 11. *lisez* : et levant les yeux au ciel.

— 9, — 9. *lisez* : il possédera les trésors de la gloire.

— 11, — 6. *lisez* : qu'ils voyent dans tout l'univers, des preuves.

— 19, — 15. *lisez* : persiste dans ton sentiment.

— 34, — 2. *lisez* : et répandre sur leurs maux le baume de la vertu.

— 83, — 9. *lisez* : il leur dit : dormez, dormez, êtres insensibles.

www.ingramcontent.com/pod-product-compliance
Ingram Content Group UK Ltd.
Pitfield, Milton Keynes, MK11 3LW, UK
UKHW021213220726
13924UKWH00003B/1493